« Quand vous lirez *L'Équilibriste,* votre vie ne sera plus tout à fait comme avant, vous comprendrez à quel point l'harmonie entre travail et vie privée est importante. C'est tout naturellement que vous apprendrez à lâcher prise. Ce livre se lit comme un roman. »

Marie-Christine Oghly, Vice-Présidente Monde et ex-Présidente France de l'Association des Femmes Chefs d'Entreprises (FCEM / FCE)

« *L'Équilibriste* va au-delà de la dimension du self-management. C'est un excellent guide de développement personnel, traité dans un style léger et agréable. »

François Dugimont, DRH – Heel GmbH

« Lire *L'Équilibriste,* c'est commencer un voyage avec soi-même, tout à la fois inspirant et simple, qui permet de transformer certains comportements afin d'accéder à l'équilibre et donc à la sérénité et au bonheur. Pas à pas sur le fil, nous cheminons et découvrons la puissance de l'équilibre, si utile dans tous les moments de la vie. »

Lysiane Beaujard, Directrice Formation France – Groupe Danone

« Une vision des enjeux du management pris sous un angle vraiment nouveau, marquée du sceau du bon sens et des réalités terrain. Trouver l'équilibre entre vie privée et vie professionnelle, entre ses valeurs et convictions et les choix et décisions de l'entreprise, entre court terme et long terme est au cœur des préoccupations du manager d'aujourd'hui. Un ouvrage indispensable, neuf et rafraîchissant. »

Samuel Avenel, Chief Operating Officer – Groupe Lyreco

« Une fable philosophique qui interpelle l'homme et le manager. »

Julia de Funès (petite-fille de l'acteur Louis de Funès), Dirigeante Prophil Conseil, Auteure de *Coup de philo sur les idées reçues*

« Une invitation stimulante à remettre en perspective notre rôle de manager et les essentiels de l'équilibre auquel nous aspirons tous. »

Franck Houdebert, DHR – Groupe Hager

« Le livre *L'Équilibriste* est passionnant. On a envie de le lire d'une traite ! Il m'a révélé des leçons de vie qui paraissent parfois évidentes, mais qui rappelées au quotidien, permettent de vivre de manière apaisée avec les autres et avec soi-même. Elles permettent de se fixer ses objectifs autrement. Ces derniers apparaissent plus réalisables et plus satisfaisants. À quand le prochain livre ? »

Emmanuel Goetz, PDG – Bretzel Burgard

« *L'Équilibriste* est un excellent livre, extrêmement utile. Merci. »

Patrick Bastow, Directeur général Ang'Flor

« J'ai beaucoup aimé *L'Équilibriste* et j'ai trouvé ses messages forts et faciles à intégrer. En y réfléchissant, j'ai décidé d'en acheter plusieurs exemplaires pour en faire cadeau à des personnes clés de mon entourage. »

Rick Clay, Responsable commercial – G's Fresh

« Un livre rempli de belles leçons de vie, qui pour moi est l'exemple parfait de la remise en question permanente de soi. Savoir rebondir, dire ouvertement aux autres des mots que l'on garde pour soi, prendre confiance en soi, trouver la voie de la sérénité, entretenir ses valeurs... autant de notions essentielles bien souvent noyées dans la cadence effrénée du monde dans lequel nous vivons. »

Luc Haberkorn, Directeur général, Zooplus France

« *L'Équilibriste* est un livre passionnant. Tellement passionnant qu'il a occupé tout mon trajet de train entre Strasbourg et Lorient. Il permet de faire un vrai voyage intérieur sur soi, sur sa vie, ses échecs, ses épreuves. Mais toujours de façon positive. On en ressort apaisé et recentré. Merci de l'avoir écrit ! »

Hervé Luthringer / Directeur du développement et de la stratégie France et UK – Groupe EDF

« Si vous avez la chance de mettre la main dessus, achetez-le ! J'ai eu *L'Équilibriste* entre les mains et n'ai pas pu m'arrêter de le lire. Simple, et pourtant si puissant. Chapitres courts, ponctués de rappels percutants et de moments de réflexion. Nous avons tous beaucoup à apprendre sur l'équilibre et ce livre nous enseigne de manière incroyable comment nous y prendre. *L'Équilibriste* fait maintenant partie de ma liste "livres favoris". Bravo, messieurs ! »

Eva Milko, Senior Director Global Procurement – Molson Coors

« J'ai lu votre livre, je dirais plutôt dévoré, car il a été pour moi la révélation de ce que chaque être devrait faire pour se sentir mieux dans les moments difficiles de la vie, et je peux vous dire qu'il va être le livre que tous mes amis vont devoir lire. J'en avais déjà vanté les mérites avant même de l'avoir fini ! Dans la vie, la plus grande chance que l'on puisse avoir, c'est de rencontrer des gens et, qui plus est, des gens qui nous apportent et nous font avancer. Je vous remercie, car je peux dire aujourd'hui que vous faites partie de ces personnes que j'ai eu la chance de rencontrer. J'ai hâte que mon épouse le lise et même mes enfants, car je pense que nous aurons beaucoup de discussions sur ce sujet. La fin m'a donné quelques émotions, car je me suis un peu identifié à ce vieil homme… »

Laurent Vervent, sapeur-pompier

« J'ai (enfin !) mis la main sur *L'Équilibriste* et me suis régalée en le lisant... Il m'a fait penser à la suite de *L'homme qui voulait être heureux*. J'ai bien aimé le contraste entre le côté naïf de l'écriture et la profondeur des propos... et il en reste beaucoup de traces dans mon esprit, car le symbole du fil fonctionne vraiment bien pour moi ! Je pense à certaines des "leçons" quand je suis serrée comme un hareng dans le RER, dans le style "ne t'énerve pas, ton harmonie intérieure va avoir une répercussion sur l'équilibre des gens à l'extérieur…" »

Anne-Marie Thiébaut, Manager

« J'ai dévoré votre livre avec passion. Confluence entre la vision européenne et la sagesse asiatique. Ce livre dégage par lui-même la sérénité de l'homme âgé partagée avec le bouillonnement de l'homme moderne. Cela a été un vrai plaisir de le lire ! »

Alain Xayaphoummine – Oséo

« L'histoire est vraiment passionnante, j'ai l'impression de me retrouver dans certains passages et cela me donne beaucoup à réfléchir sur la façon dont j'interprète certaines situations. »

Valérie Eggers, International Major Gifts Officer – Mayo Clinic

« Ce livre est vraiment très réussi. J'espère qu'il rencontrera un grand succès même si le plus dur sera que les lecteurs mesurent et en comprennent le fond en le lisant ! Dans ce monde égoïste/égocentrique, chargé de technologie et d'informations non essentielles, peu sont ceux qui s'en rendent compte… Encore bravo pour ce "roman" très réel. »

Georges Antunes, Chef d'entreprise – Long Lasting Innovation

« J'ai ADORÉ l'écriture, le fond qui me parle beaucoup et la légèreté de la forme. Ce livre me permet de faire un parallèle avec mes cours de coaching et j'y ai trouvé plein de phrases clés et d'images dont je vais pouvoir me resservir. J'ai un peu triché au début pour aller plus vite, je n'ai lu que les fins de chapitres tellement j'avais envie de connaître la suite ! Je vais laisser ma première lecture mariner et je me ferai une deuxième lecture ; qui sait, je vais peut-être trouver d'autres choses… Je l'ai recommandé aux filles de ma promo ! »

Jennifer Lévy, Consultante coach – A Propos Consulting

« Il se dégage de cette lecture, sagesse, sérénité, confiance, intérêt et ouverture aux autres, en résumé, le chemin vers le management des hommes, vers l'efficience en entreprise. Belle leçon d'humilité, de foi en l'avenir et de volonté. À méditer, notamment en cette période bien difficile. Merci encore pour cette leçon de *filosophie*. »

Yves-André Geismar, Expert-comptable associé – F.-M. Richard et Associés

« Ce livre est à lire et interpréter au 2e degré, car il représente la recherche intellectuelle pour ouvrir son esprit aux « symboles » et l'action à mener pour se forger un moral d'acier vis-à-vis des aléas de la vie courante et surmonter les défaillances par une action continue sur soi-même. Se remettre en question en permanence et considérer que rien n'est acquis sans travail. Considérer aussi qu'aucun droit ne peut être obtenu sans les devoirs qui précèdent. La seule richesse valable est celle du cœur et la plus grande satisfaction dans la vie est la résultante obtenue par son seul travail et la prise de responsabilité de tout parent vis-à-vis des siens. Savoir prendre ses responsabilités et ne rien attendre d'autrui. Les malchances invoquées quelquefois sont le plus souvent l'oubli de ces préceptes et nécessitent souvent le "mea culpa". Il ne faut jamais oublier dans la vie que pour "récolter", il a fallu préalablement "semer" et l'accession au 3e, voire au 4e âge dans la "plénitude" et la "sérénité" ne peuvent être que le fruit de ces vertus bien accomplies. »

Jean Fromentin, Directeur commercial à la retraite

« J'ai trouvé ce livre formidable. Plein de nuances, de profondeur, de réflexions, d'images... d'équilibre. Bien sûr, ayant grandi avec vous (et bien sûr avec mon père qui promeut les mêmes valeurs), tout le contenu de ce livre m'est quelque peu familier, mais j'ai trouvé votre manière de faire passer les messages très habile. Ce livre a sans doute de beaux jours devant lui, comme vos séminaires. Le bouche à oreille fera vite effet, je n'en ai aucun doute. Je dois dire que j'ai aussi réveillé tout l'avion avec de grands éclats de rire en lisant *"I fil good, la la la la la la la"*. Le *"yes, oui canne"* n'est pas mal non plus... J'ai vu également avec amusement les petits clins d'œil au Brésil et autres que nous comprenons dans la famille. »

Ludovic Hubler, frère d'Éric Hubler, Auteur du livre *Le Monde en stop* – Fondateur de Travel With A Mission

« Je tiens à vous féliciter pour votre livre et votre conférence *L'Équilibriste*. Je me suis régalé à vous écouter. En particulier, j'ai adoré les 4 "E" issus du mot "Excellence", et la puissance des 4 termes. En ce sens, j'ai vécu la conférence comme un complément heureux au livre... Dans l'attente de croiser – je l'espère – vos routes lors d'une prochaine occasion, je souhaite plein succès à votre livre et à vos conférences. »

Luc Barthel, Président de l'association Nouvelle Donne Alsace

« C'est avec un réel plaisir que j'ai dévoré *L'Équilibriste*. Merci à vous deux pour ce moment de pur bonheur ! J'aurais pu être ce voyageur qui me parlait de moi page après page, cherchant son équilibre sur le fil et par là sa juste place. Je partage la *filosophie* de *L'Équilibriste* que j'ai éprouvée au quotidien en rencontrant plein de "vieux hommes" que j'appelle des passeurs de vie. »

Christine Yaacoub, Juriste – anciennement Secrétaire générale et DRH

« Sur la forme : j'ai trouvé la lecture extrêmement fluide, aisée, le vocabulaire adapté au grand public. Les chapitres sont en général courts ce qui est fort agréable, car cela rythme la lecture et peut permettre de faire des pauses de réflexion entre chaque chapitre. Sur le fond : le livre emmène le lecteur vers une réflexion certaine de sa propre vie, une véritable introspection. Je me suis retrouvé à plusieurs reprises à poser le livre et me demander en quoi je ressemblais à ce voyageur. J'ai envie de dire aujourd'hui qu'après la lecture de ce livre, et le voyage initiatique vers la destination BONHEUR qu'il m'a proposé, j'ai le désir de devenir un équilibriste. Le livre a le mérite de nous faire comprendre à quel point cela demande un gros travail sur soi-même... une exigence de tous les instants ! Votre livre, à certaines reprises, effleure le sujet des énergies (énergies entre êtres humains, entre l'homme et son environnement...). C'est un sujet que je trouve particulièrement intéressant, car je suis persuadé, sans rentrer dans un quelconque spiritualisme de bas étage, que nous créons selon nos comportements et nos actions des énergies positives ou négatives qui nous donnent de la force ou au contraire nous "bouffent de l'intérieur". J'avais lu il y a quelques années un livre qui m'avait bouleversé sur ces échanges d'énergie et la quête du bonheur. C'était un best-seller : *La Prophétie des Andes,* qui est un bon complément de votre livre à mon sens. »

Jean-Luc Brun, PDG – Société Cliner

«J'ai passé un très agréable moment à lire votre livre pendant mes vacances de Noël. Il restera une référence pour me permettre de ne surtout pas perdre l'équilibre qui, comme vous le dites si bien, est fragile.»

Marie-Laure Cail, Directrice d'Agence – Securitas

«J'ai trouvé votre façon de faire "toucher" des vérités essentielles de chaque vie pleinement vécue à la fois intéressante et pédagogique. Je verrais assez bien, d'ailleurs, un film tourné à partir d'un scénario reprenant l'essentiel des messages délivrés par écrit dans votre texte. Il me semble également que l'écriture d'un livre tel que celui-ci est le début d'un chemin – pas seulement spirituel – qui devrait conduire pour les deux auteurs que vous êtes à un assez grand nombre de rebondissements/ramifications/foisonnements... Je participerai volontiers à l'un des stages que vous animerez.»

François Cornevin

«*L'Équilibriste* est une belle image d'espoir, plus précisément un bel apprentissage de la maîtrise de soi, un récit sur la manière de puiser les meilleures ressources qui sont en nous pour faire face à toute situation, et ce dans la recherche de ce juste équilibre matérialisé par ce fil, d'apparence infranchissable. J'ai beaucoup apprécié l'image de l'eau, fluide, elle "trouve toujours l'issue qui lui est la plus favorable", elle représente ainsi non seulement son incroyable adaptabilité, mais un conseil à suivre pour s'en sortir et réussir. Et le passage sur l'exigence... Beaucoup de précieux conseils à suivre donc au quotidien, dans tous les domaines de la vie.»

Farah Touam, Cadre – Groupe Solabia

«Votre livre *L'Équilibriste* est inspirant. Il est avant tout optimiste, donne des clefs pour ouvrir des portes qui pourraient rester résolument fermées si l'on ne prenait pas conscience qu'il existe "autre chose". Cet autre chose est en soi, mais encore faut-il le découvrir... J'ai bien aimé les encadrés reprenant les points forts... Je les ressens pleinement, encore faut-il les appliquer, se remettre en question si nécessaire et travailler sur soi, encore et encore. J'ai eu parfois l'impression de lire du Coelho, *L'Alchimiste*. Merci aux auteurs pour la richesse des mots, pour ce travail qu'ils ont fait sur eux pour sortir un livre de cette qualité.»

Françoise Testaud

«J'ai lu *L'Équilibriste* à Noël et j'ai trouvé qu'il était difficile de lâcher le livre. La pression au travail et le rythme de plus en plus rapide de la vie ont fait que j'ai lu seulement 3 livres dans l'année écoulée. L'équilibre est mon mantra depuis la lecture de *L'Équilibriste* et j'espère pouvoir me détendre et contempler plus dans l'année qui vient, me concentrer et revoir régulièrement les passages que j'ai soulignés dans le livre. Le temps est une denrée précieuse et je m'efforce maintenant de trouver l'équilibre optimal entre la vie professionnelle et personnelle. Ce faisant, j'espère améliorer ma qualité de vie et aussi mon efficience au travail, ralentir avant de pouvoir accélérer! Merci beaucoup pour votre excellent livre.»

Keith Stephen, Account Manager – Rijk Zwaan UK

«Cela faisait bien longtemps que je n'avais plus ouvert un livre. Pour une fois, je me suis posée et j'ai lu le livre *L'Équilibriste* en quelques jours. Ce livre m'a ouvert les yeux et fait comprendre beaucoup de choses sur moi-même et sur mon travail. Fait comprendre aussi que les mots, le regard, la façon d'être et de se tenir étaient également très importants. Je me suis en particulier rendu compte que depuis quelque temps, le travail prenait une place beaucoup plus importante que ma vie privée. Plus de sport, ciné, amis, restaurant (fatiguée, pas le temps...), toujours les mêmes excuses. J'ai bien compris qu'il faut d'abord être bien dans sa tête pour pouvoir faire un bon travail. Merci!»

Une manager – Sharp Manufacturing

«Je viens de lire votre livre avec passion. Je dois lire un livre tous les 5 ans, mais là je dois dire que je l'ai lu avec passion. Ah, quel bonhomme ce vieux monsieur à la canne! On aimerait être à la place du voyageur pour avoir le plaisir de le rencontrer et de vivre un vrai moment de bonheur! Seul regret: histoire trop courte, on aimerait qu'elle ne finisse jamais...»

Un membre du Comité de direction – Société Paul Hartmann SA

«Je souhaite juste vous dire que c'est un superbe livre! Je suis sûre qu'on vous le dit tout le temps, mais vraiment très bonne lecture.»

Emily May Tear, Broker – Genesis Insurance Brokers, Australie

«Je tiens à vous remercier pour votre livre extraordinaire! J'ai pris l'habitude de lire de nombreux ouvrages sur le développement personnel et la pensée positive, mais j'avoue que vous avez eu une idée ingénieuse en écrivant votre livre comme un roman! Du coup, le lecteur est captivé et rechigne à le fermer de peur d'en «perdre le fil». Je le relirai, c'est sûr, après une chute ou bien pour me maintenir en équilibre sur le fil... Je suis convaincue qu'un livre peut changer une vie. Le vôtre contribuera à changer la mienne. Aussi, je vous suis reconnaissante pour ce précieux cadeau.»

Muriel Ramssamy, Directrice de banque en Guadeloupe

«*L'Équilibriste* est un guide. Dans un monde qui nous demande toujours plus, il nous invite à faire une pause, à remettre en question nos pratiques, à prendre du recul et à réfléchir afin d'être plus performant, d'optimiser ses compétences et d'établir des stratégies pour l'avenir. La théorie de *L'Équilibriste* nous fait prendre conscience des différents fardeaux ("boulets") que l'on porte: routine, culpabilité, insatisfaction... et qui nous empêchent de «rester sur le fil en évitant la chute», donc d'être dans l'équilibre. Chacun de nous s'identifierait au voyageur en quête d'équilibre pour réussir sa vie personnelle et professionnelle.»

Soumaya Sfeir, Avocate internationale libanaise vivant en France,
Professeur de management

«*L'Équilibriste* a accompagné tout mon parcours canadien, et m'a aidé à surmonter les difficultés liées à l'implantation des Randolyrics là-haut. Passionnant et très utile. Grand merci aux auteurs.»

Vincent Karche, Chanteur ténor international, Créateur des Randolyrics

«J'ai vraiment apprécié la lecture de *L'Équilibriste,* car il se lit comme une histoire et contient des chapitres courts. Les personnages sont facilement accessibles et la fable est facile à suivre. La chose que j'ai le plus aimée au sujet du livre est qu'il n'y a pas d'instruction ou de modèle comme ceux qui apparaissent dans certains livres de développement personnel: "Faites ceci et tout ira toujours bien pour vous... " Les paroles du vieil homme incitent à la réflexion sur leur signification et à leur mise en application dans notre propre existence et nos comportements, facilitant ainsi une réflexion et un apprentissage plus profonds que ce ne serait habituellement le cas. Le livre est facile à saisir et permet soit de profiter tout simplement du message pour trouver l'équilibre, soit de penser très profondément à la signification de ses messages pour nous et comment les mettre en pratique.»

John Cocker, Commercial Training Lead UK & Ireland – Molson Coors

«J'ai eu, par moments, l'impression que je me trouvais dans *Le Guerrier pacifique* de Dan Millman, surtout dans la première partie. Ensuite, j'ai eu un petit coup de mou au milieu et j'ai finalement trouvé un peu tiré en long (je l'ai lu sur trois jours). Malgré cela, j'en garde une bonne impression, car il y a une belle logique dans la démarche. Il y a également beaucoup de positif, ce qui est bon pour l'inspiration et le bonheur de lire, et surtout, le message est convaincant. Tout cela pour vous dire que je souhaite vous laisser un message de gratitude et de félicitations pour votre super travail.»

Martin Gysler, Coach en Suisse – Art of Networking

«Ce livre a la force de ces textes qui résonnent en chacun, qui incitent au questionnement et créent une vie intelligente. Il est une pépite dans un monde en proie aux déséquilibres et invite à nous transformer individuellement. Merci!»

Jean-Marc Gillet, Cadre supérieur

L'Équilibriste

Catalogage avant publication de Bibliothèque et Archives nationales du Québec et Bibliothèque et Archives Canada

Hubler, Éric, 1967-

L'équilibriste : développer la plus essentielle des compétences : l'équilibre!

ISBN 978-2-89225-719-9

1. Esprit et corps. 2. Réalisation de soi. 3. Équilibre (Philosophie). I. Blanc, Philip, 1965- . II. Titre.

BF162.H82 2010 158.1 C2010-941031-9

Adresse municipale :
Les éditions Un monde différent
3905, rue Isabelle, bureau 101
Brossard (Québec) Canada J4Y 2R2
Tél. : 450 656-2660 ou 800 443-2582
Téléc. : 450 659-9328

Adresse postale :
Les éditions Un monde différent
C.P. 51546
Greenfield Park (Québec)
J4V 3N8

Site Internet : http://www.umd.ca

Courriel : info@umd.ca

Deuxième édition 2014

Conception graphique de la couverture :
OLIVIER LASSER

Conception logo :
Agence COSM. Propriété Logo : Éric Hubler et Philip Blanc

Photocomposition et mise en pages :
ANDRÉA JOSEPH [pagexpress@videotron.ca]
Typographie : Optima 11 sur 15 pts (CS5)

ISBN 978-2-89225-719-9

IMPRIMÉ AU CANADA

ÉRIC HUBLER & PHILIP BLANC

L'Équilibriste

Développez la plus essentielle des compétences : l'équilibre !

UN MONDE DIFFÉRENT

Note au lecteur

Éric ayant lancé l'idée d'écrire un livre à deux, lors d'une discussion à Paris le 5 mai 2009, Philip a souhaité, par souci d'équilibre, en tenir compte dans l'ordre d'apparition (non alphabétique) des auteurs.

Remerciements

Nous remercions toutes les personnes qui nous ont accompagnés et conseillés tout au long de notre progression sur le fil, et au premier chef nos familles respectives.

Nous leur dédions ce livre avec amour.

« Un voyage de mille kilomètres
commence toujours par un premier pas. »

PROVERBE CHINOIS

« Un pessimiste voit la difficulté dans chaque opportunité,
un optimiste voit l'opportunité dans chaque difficulté. »

WINSTON CHURCHILL

« On ne peut rien apprendre aux gens,
on peut seulement les aider à découvrir
qu'ils possèdent en eux tout ce qui est à apprendre. »

GALILÉE

Le *fil* de l'histoire

Avant l'histoire 15

L'histoire de *L'Équilibriste*

Avant la transformation 23

La transformation 53

1. Gérer le déséquilibre 55
2. Créer l'équilibre 107
3. Incarner l'équilibre 175

Après la transformation 261

Beaucoup plus tard 265

Après l'histoire 274

Message au lecteur 281

À propos des auteurs 283

Avant l'histoire

« Tu m'as vraiment impressionnée lors de ton intervention au cours de la réunion, tu sais ? dit-elle en l'attrapant au vol, son plateau-repas entre les mains.

— Merci du compliment, répondit-il en se dirigeant vers une table. Comment vas-tu ?

— Oh, comme ci comme ça, on fait aller. Mais toi, je trouve que tu as pris beaucoup d'assurance. Je dirais même que tu as l'air plus fort et plus équilibré.

— Je te remercie. C'est vrai, j'ai retrouvé une énergie incroyable et je me sens comme un enfant plein de rêves !

— C'est clair, ajouta-t-elle tout en marchant à côté de lui. Il n'y a qu'à voir tes yeux et ton expression ! D'ailleurs, je crois bien que je ne t'ai jamais vu aussi enthousiaste !

— Cela me fait plaisir, merci.

— Mais qu'est-ce qui a bien pu t'arriver pour être transformé de la sorte ?

— Tu déjeunes avec moi ?

— D'accord, mais vite fait, je n'ai pas beaucoup de temps, nous sommes complètement débordés en ce moment et d'habitude, je ne mange pas le midi. Dis-moi alors, reprit-elle, qu'est-ce qui s'est passé pour toi ?

— Tiens, installe-toi », proposa-t-il en lui tirant poliment une chaise pour l'inviter à s'asseoir. Il prit ensuite place à son tour.

Une fois assis, il poursuivit :

« Tu te souviens que la direction de mon service a changé, il y a peu ?

— Oui, bien sûr...

— Eh bien figure-toi que suite à ce changement, j'ai redécouvert le plaisir de m'investir au travail et d'apporter ma pierre à l'édifice !

— Alors là, chapeau, très bien pour toi ! lança-t-elle en avalant rapidement une bouchée. Moi, au contraire, je suis de plus en plus démotivée en ce moment. Tu sais, on est tous sous pression et c'est de pire en pire.

— Je peux imaginer. Rassure-toi, ce n'est pas une fatalité, lui répondit-il avec optimisme. Je pensais la même chose que toi il y a encore peu de temps, mais j'ai maintenant la preuve que tout peut changer.

— Que veux-tu dire ? fit-elle d'un ton incrédule. Tu as découvert un secret ou quoi ?

— C'est un peu cela. Je crois que j'ai découvert le secret de l'équilibre. Cet équilibre, je l'avais longtemps cherché *autour de moi*, alors qu'il était *en moi*. Mais je ne l'avais pas compris tout de suite. Et le plus surprenant, c'est que je l'ai appris de la personne dont je l'attendais le moins, en l'occurrence mon *boss*.

— Ton *boss* ? s'exclama-t-elle en manquant de s'étouffer.

— Oui, tu as bien entendu, mon *boss*. Et de surcroît, j'ai découvert ce secret au moment où j'en avais le plus besoin !

— Eh bien, il y en a qui ont de la chance ! dit-elle, envieuse.

— C'est vrai, c'est certainement une chance d'avoir un tel chef !

— Dis donc, il doit vraiment être quelqu'un, ton chef ! asséna-t-elle quelque peu ironique.

— Tu l'as dit ! Cet homme est tout simplement un leader incroyable !

— Mais qu'est-ce qu'il a donc de si spécial ? questionna-t-elle, presque agacée, mais de plus en plus curieuse.

— Écoute, depuis son entrée dans le service, TOUT a changé. Les équipes sont beaucoup plus épanouies, créatives, engagées et nos résultats ont explosé.

— Rien que cela ?

— Crois-moi si tu veux, mais c'est bien ce qui s'est passé et tout le monde a pu le constater d'ailleurs. Et tu sais, quand j'ai eu des problèmes récemment, je me suis confié à lui et il m'a écouté avec beaucoup d'attention, ce qui m'a vraiment aidé.

— Continue... » l'encouragea-t-elle, son repas avalé à la hâte.

De son côté, il savourait son plat tranquillement et s'essuya la bouche, avant de reprendre :

« Comme je le disais, il m'a écouté très attentivement. Puis il m'a raconté une histoire étonnante...

— Quelle histoire ? demanda-t-elle, prise au jeu et désireuse d'en savoir plus.

— Quelle histoire ? répéta-t-il avec un regard un peu espiègle. L'histoire de *L'Équilibriste*.

— L'histoire de *L'Équilibriste* ?

— Oui, l'histoire de *L'Équilibriste*, dit-il placidement.

— Mais qu'est-ce qu'un équilibriste a à voir avec ton chef ? s'étonna-t-elle en reculant sur son siège et en levant les mains.

— Eh bien, tu vois, c'est là tout le mystère et toute la puissance de cette histoire. Il s'agit en fait de l'histoire d'une incroyable transformation intérieure, qui semble bien être celle de mon chef.

— Alors là, tu en as trop dit ou pas assez, lui répliqua-t-elle impatiente. Je veux en savoir plus…

— Volontiers, mais tu m'avais dit que tu n'avais pas beaucoup de temps. Il va pourtant t'en falloir davantage si tu veux aller jusqu'au bout de cette histoire. »

Elle regarda rapidement sa montre et fit la moue, avant de répondre :

« Bon, écoute, vas-y, je m'arrangerai… »

Il l'observa, se resservit une portion, puis lui demanda :

« Tu es bien sûre ?

— Oui, oui, vas-y, je me débrouillerai. Je veux la connaître, cette histoire.

— Bon, alors si cette dernière t'intéresse vraiment, je veux bien te la raconter. Mais à une condition…

— Laquelle ?

— Que tu écoutes l'histoire de *L'Équilibriste* jusqu'au bout.

— Pourquoi, est-ce si important ?

— Ça l'est, en effet, et tu le comprendras toi-même le moment venu. Mieux que cela, tu auras ensuite envie de partager cette histoire à ton tour.

— À t'écouter, elle semble bien intrigante.

— Oh, elle est bien plus que cela ! Elle a littéralement changé ma vie et mon regard sur tout ce qui m'arrive.

— Une vraie métamorphose, en somme !

— C'est exactement comme cela que je le vis. Cette histoire pourrait bien aussi changer ton existence. Écoute-la bien jusqu'au bout, pour pouvoir ensuite en appliquer toi-même les principes. Partante ? lui lança-t-il en lui tendant la main, comme pour sceller leur accord.

— Partante », confirma-t-elle en lui serrant la main.

À ces mots, il lui demanda de bien vouloir éteindre son téléphone portable et de s'installer confortablement.

Par réflexe, elle regarda une nouvelle fois sa montre puis s'exécuta.

Il prit le temps de terminer son assiette, lui servit un verre d'eau puis rassembla ses idées.

Après un moment, il commença...

L'histoire de *L'Équilibriste*

Avant la transformation

La route

Cela faisait déjà un long moment qu'il roulait sans avoir pris le temps de s'arrêter. Le jour commençait à décliner et l'air se refroidissait peu à peu.

Le regard absent, sans but précis, il voyait défiler cette route sans fin.

Il avait beau essayer de fixer la moindre pensée, rien n'y faisait.

Vide, c'est ainsi qu'il se sentait à l'intérieur, ne parvenant pas à se rattacher à une réalité autre que celle du bitume.

Affligeante monotonie rompue seulement par le voyant lumineux du réservoir d'essence qui s'alluma. Cette fois, il ne pouvait pas l'éviter, il fallait bien qu'il s'arrête.

Il se résolut à détacher son regard de la route pour observer le premier panneau indiquant une station-service. Celle-ci se situait un peu plus loin. Il s'y arrêta.

Par un geste mécanique, il fit le plein puis se rendit à la caisse. Au moment de payer, il mit la main à sa poche pour en extraire son portefeuille mais resta figé, paraissant incapable de coordonner ses actions.

« Monsieur ? l'interpella le caissier.

— ...

— Monsieur, monsieur ! répéta plus fort le caissier.

— Euh... oui, quoi ? répondit vaguement le voyageur, d'un air hagard.

— Vous n'avez pas encore payé », dit le caissier.

Sans même s'excuser et semblant totalement déboussolé, le voyageur régla et retourna vers sa voiture.

Une fois au volant et avant de mettre le contact, le film se déroula soudain brutalement dans sa tête.

Un peu plus tôt, il exerçait encore des responsabilités importantes au sein d'une organisation reconnue dans son domaine. Il était considéré comme un employé consciencieux.

Pourtant, après des années de bons et loyaux services, il n'avait fallu qu'un instant à sa hiérarchie pour lui annoncer la nouvelle : à la suite d'une restructuration, il était licencié. Sa carrière dans l'organisation prenait fin. Avec effet immédiat. Décision de la direction.

Viré !

À cette annonce, il avait été comme sonné. Ces quelques mots, parvenus jusqu'à son cerveau, telle une onde de choc, lui avaient enlevé toute substance.

Puis avait suivi un sentiment d'incrédulité. Pas possible, il devait s'agir d'une erreur. Comment pouvait-il, lui, être licencié ?

Tout allait pourtant bien... du moins, c'est ce qu'il avait pensé jusque-là ! La veille encore, il avait marqué des points dans un dossier en cours et il en avait été félicité devant ses collègues.

Ce ne fut qu'au bout d'interminables minutes qu'il était parvenu à revenir à la réalité, le visage crispé, angoissé.

Après avoir laissé errer son regard dans la pièce, il l'avait redirigé vers celui de son supérieur : aucun doute ne pouvait alors subsister, cet échange oculaire en avait dit plus long que tous les mots.

Il avait bel et bien été mis à pied.

Puis l'image de sa famille lui avait traversé l'esprit.

Comment lui communiquer une telle nouvelle ?

Sous le coup, sa seule décision avait été de ne pas rentrer chez lui ce soir. Il avait alors trouvé une vague excuse qu'il avait envoyée à sa femme depuis son téléphone portable.

Il se souvint qu'il était ensuite sorti des bureaux en s'orientant, tel un zombie, vers sa voiture garée sur le parking.

Une fois installé au volant, il était resté là un long moment. Sans bouger. Sans penser.

Puis il avait fini par prendre la route.

Ce film, qui le plongeait dans un obscur sentiment de déprime et de vacuité intérieure, il aurait voulu qu'il n'existe jamais.

Son corps et son esprit cherchaient à s'en débarrasser. Il essayait d'imaginer que ce soir encore, il rentrerait chez lui comme toujours, avec les mêmes habitudes, sans se poser plus de questions.

Mais non, il venait de se faire congédier et cela changeait tout.

Sans réfléchir, il redémarra la voiture et quitta la station-service. C'est de nuit qu'il poursuivit sa route, sans direction, hors du temps.

Au bout d'un moment, il laissa la route principale pour avancer désormais sur de petites voies secondaires qui, la fatigue aidant, prenaient une allure impressionnante sous le faisceau des phares.

Éreinté par cette journée sans fin, il faillit s'immobiliser sur le bas-côté lorsqu'il aperçut, au loin, de la lumière. Il fit l'effort de poursuivre et s'y dirigea en suivant un petit chemin de campagne.

Il se retrouva devant la façade agréablement éclairée de *L'Auberge de la Bonne Étoile* et s'y arrêta.

Avant de gravir les quelques marches de l'entrée principale, il entendit vaguement le bruit d'une fontaine au milieu du jardin à proximité. L'endroit semblait plaisant. Il n'y porta cependant guère plus d'attention.

Une fois entré, il s'enregistra, prit la clé de la chambre puis monta se coucher.

Les rideaux tirés, il dormit d'un sommeil lourd mais agité.

Le vieil homme à la canne

Le voyageur fut réveillé par le bruit d'une personne frappant à la porte. Il n'avait pas la moindre idée de l'heure et cela n'avait d'ailleurs plus beaucoup d'importance à ses yeux.

Par réflexe, il jeta toutefois un rapide coup d'œil au réveil et fut surpris de l'heure avancée.

« Un instant », dit-il, sur un ton encore déphasé.

Il passa alors rapidement le peignoir plié avec délicatesse sur une table basse, près de la fenêtre. Malgré son état vaseux, deux choses attirèrent son attention : une petite carte manuscrite avec les mots suivants : *« Vous êtes chez vous »* et un petit carnet sur lequel il entrevit, dans une belle écriture : *« Carnet de... »*

En ouvrant la porte, il se trouva devant la silhouette d'un homme de grande taille vêtu avec élégance et sobriété. Déjà âgé, celui-ci tenait une canne à la main.

« Pardonnez-moi de vous importuner, cher monsieur, commença le vieil homme à la canne. Je n'ai pas pu vous accueillir à votre arrivée, je tenais donc à le faire personnellement et de vive voix. Par ailleurs, ne vous ayant pas vu sortir de la journée hier, je commençais à me demander si tout allait comme vous le souhaitiez ?

— La journée hier ? »

Le voyageur resta immobile. Il fut d'emblée impressionné par cet homme au large sourire et au regard franc et direct qui se tenait devant lui. Mais ce dernier devait faire erreur !

« Pardon, vous avez dit "la journée hier ?"

— Oui, vous êtes arrivé ici avant-hier soir et n'êtes apparemment pas sorti de votre chambre depuis. »

Le voyageur fut interloqué en apprenant qu'il avait passé non pas une, mais deux nuits à l'auberge ! Était-il à ce point déconnecté de la réalité ?

Il se reprit, un peu confus :

« Je ne pensais pas avoir autant dormi !

— Je n'ai pas voulu vous déranger hier, cher monsieur, pensant que peut-être, vous aspiriez à rester seul et à vous reposer. »

Pour être franc, la question du repos ne s'était même pas posée au voyageur.

Néanmoins, aucune source extérieure ne l'avait extirpé de sa léthargie. Ce lieu était parfaitement reposant. Le calme absolu.

D'un ton aimable, le vieil homme à la canne demanda :

— Serez-vous des nôtres pour le repas ? Je viens de pêcher quelques magnifiques poissons sauvages, peut-être souhaiteriez-vous y goûter ?

Réalisant à cet instant qu'il n'avait rien avalé depuis de nombreuses heures, le voyageur trouva que cette proposition tombait à point nommé.

« J'avoue commencer à avoir faim ! D'accord.

— Très bien, je m'en occupe, conclut le vieil homme qui s'effaça discrètement, l'air visiblement satisfait.

« Je ne me souviens pas d'avoir dégusté un poisson aussi délicieux ! » s'exclama le voyageur à la fin de son repas, quand le vieil homme l'eut rejoint.

En disant ces mots, le voyageur éprouva une sensation étrange faite d'inquiétude, de contrariété et de bien-être.

Tout chahutait *en lui*, mais tout respirait l'harmonie *autour de lui* : une décoration parfaitement étudiée, une petite musique exquise, des fleurs au parfum odorant.

Pas la moindre fausse note.

Cet endroit avait quelque chose de peu ordinaire...

Le voyageur poursuivit spontanément :

« Je dois vous avouer qu'après ce qui vient de m'arriver, je n'aurais pas imaginé pouvoir apprécier si rapidement un tel repas et un lieu si agréable.

— Je suis heureux d'apprendre que vous vous sentez bien ici.

— Et pourtant, je sens que je n'en profite pas pleinement..., dit le voyageur d'un ton soudain grave.

— Vous avez des soucis ?

— En effet, je viens de... »

Puis le voyageur se reprit et rectifia :

« Je ne veux pas vous embêter avec mes histoires et d'ailleurs, je vais devoir reprendre la route. »

Le vieil homme observa un moment de silence et dit :

« Mais vous ne m'embêtez aucunement. Avant de partir, auriez-vous encore un moment ?

— Oui, mais pour quoi faire ?

— J'aimerais vous faire découvrir quelque chose. Et peut-être accepterez-vous, par la même occasion, de me rendre un petit service ?

— Bien sûr, mais en quoi pourrais-je bien vous être utile ? » demanda le voyageur curieux.

Le vieil homme se contenta d'attraper sa canne, et conclut avec entrain :

« Suivez-moi, je vous expliquerai plus tard. »

Le voyageur en ignorait la raison, mais l'idée de pouvoir se rendre utile à ce vieil homme lui plut instantanément. Comme s'il se sentait redevable de l'harmonie qu'il avait ressentie en ce lieu.

Il le suivit, sans se poser plus de questions.

Le service

Au bout d'une longue marche qui avait fini par essouffler le voyageur, les deux hommes s'arrêtèrent. Ils avaient emprunté un chemin qui les avait conduits dans les hauteurs. De là, ils avaient une vue magnifique sur la vallée.

« Nous y sommes, dit le vieil homme à la canne.

— Nous sommes où ? lui répondit le voyageur, perplexe.

— À l'endroit que je voulais vous faire découvrir. Là également où vous pourrez me rendre le service dont je vous ai parlé. »

Sur ces quelques mots, il invita simplement le voyageur à regarder autour de lui.

Ce dernier s'exécuta et tourna plusieurs fois sur lui-même. Il s'émerveilla devant la beauté naturelle sublime du paysage qui l'entourait.

Toute cette beauté l'avait accompagné tout au long de la montée. Il n'en avait cependant rien vu.

Y avait-il d'autres choses qu'il n'avait pas vues ? Et qu'il avait donc laissé passer ? Ici ou dans sa vie ?

Il ressentit un certain malaise.

Le vieil homme saisit alors l'extrémité de sa canne, dans un geste d'une étonnante dextérité. Avec le bout arrondi du manche, il tenta d'attraper un fruit haut perché, accroché à un arbre. Lorsqu'il y parvint, il le tendit au voyageur.

« Vous devriez goûter cela ! » poursuivit-il avec engouement.

Le voyageur prit le fruit et le croqua à pleines dents.

Son visage se transforma. Il n'avait pas goûté un fruit aussi savoureux depuis bien longtemps !

Décidément, tout ici semblait hors du commun, même les choses les plus simples. Peut-être même *surtout* les choses les plus simples !

« Nous avons besoin d'en cueillir un panier entier pour préparer quelques desserts, accepteriez-vous de m'aider ? »

Sans se faire prier et comprenant à présent en quoi il pouvait se rendre utile, le voyageur monta sur l'échelle adossée à l'un des arbres et au pied duquel se trouvaient plusieurs paniers vides.

Il en remplit un, avec une certaine difficulté.

Puis rejoignit le vieil homme qui se tenait debout, non loin de là, et qui lui fit un geste en signe de reconnaissance.

Le voyageur s'assit ensuite sur un rocher, en bâillant largement.

Il ne savait guère pourquoi, mais malgré son sommeil bien plus long qu'à l'habitude, il ressentait une fatigue grandissante et inhabituelle. Pour tout dire, il se sentait abattu.

Il resta silencieux et prit un air pensif.

Le vieil homme, lui, semblait contempler l'horizon d'un air serein, le buste droit.

Soudainement, le voyageur s'effondra et lâcha dans un soupir de découragement :

« Quelle poisse ! Mais quelle poisse ! »

Sans un mot, le vieil homme se tourna légèrement vers lui.

« Je ne voulais pas en parler, continua le voyageur, sanglotant et visiblement affecté, mais je n'arrive pas à penser à autre chose... Je viens de me faire licencier. J'ai été viré, comme un malpropre !

— J'en suis sincèrement désolé pour vous, répondit l'autre avec compassion. Vous n'aviez en effet pas l'air dans votre assiette.

— Je suis vraiment écœuré ! lança le voyageur.

— Je crois pouvoir l'imaginer », dit le vieil homme.

Le voyageur observa le vieil homme et lui dit :

« Si seulement je pouvais être aussi paisible que vous...

— Oh, vous savez, cela n'a pas toujours été le cas. À des degrés divers, l'adversité touche chacun d'entre nous. Et elle peut le faire à tout moment ! Dans mon jargon, on appelle cela *la chute.*

— Oui, mais dans mon cas, il ne s'agit pas d'une chute, mais d'un effondrement, d'un krach ! Li-cen-cié ! Vous comprenez ?

— Oui, dans mon jargon, on appelle cela *la chute*, répéta le vieil homme placidement.

— Et comment fait-on pour se relever de *votre* chute quand on a tout perdu ? » lança le voyageur qui changea d'attitude et commença à s'emporter.

Le vieil homme, sans répondre à la question, mais en fixant le voyageur droit dans les yeux, dit d'un ton calme :

« Je vous remercie de m'avoir rendu le service que je vous avais demandé. Je vous propose à présent que nous retournions en direction de l'auberge. Vous m'aviez indiqué devoir reprendre la route. »

Le voyageur baissa les yeux, manifestement gêné et désarçonné. Jusque-là, il s'était senti mis à l'aise par cet homme qui lui inspirait confiance et respect.

Il avait envie de poursuivre la discussion et confia :

« Je devais en effet reprendre la route. Mais quelle route ? Pour être franc avec vous, avec tous les problèmes que j'ai maintenant, je ne sais même plus dans quelle direction aller !

— Gardez confiance, vous finirez par retrouver votre chemin, dit le vieil homme d'un air rassurant.

— Si seulement ! En fait, j'ai besoin d'y voir plus clair dans ma vie. Pour l'instant, je n'arrive pas à comprendre ce qui m'arrive.

— Souhaitez-vous que nous en parlions ?

— J'ai le sentiment que discuter avec vous me fait du bien.

— Discuter fait du bien, en effet, confirma le vieil homme.

— Oui, mais je ne sais pas si cela va régler mes problèmes, fit le voyageur.

— Cela ne suffira sans doute pas, vous avez raison…

— Alors, que dois-je faire ?

— Croyez-vous être arrivé jusqu'ici complètement par hasard ?

— Je n'en ai pas la moindre idée.

— Qu'en pensez-vous ? interrogea à nouveau le vieil homme.

— Je ne sais pas, mais ce que je sens, c'est que votre présence m'apaise.

— Je m'en réjouis, sourit le vieil homme.

— Peut-être devrais-je rester ici encore un jour ou deux, se demanda le voyageur, sollicitant implicitement une réaction dans ce sens de la part du vieil homme.

— Peut-être. Vous savez, vous êtes ici chez vous. Je pourrais même, si vous en avez besoin, vous prêter quelques affaires de rechange.

— Merci, c'est très aimable à vous. Dans ce cas, il faudra également que j'appelle ma femme.

— Bien entendu. »

Le voyageur, tiraillé par des émotions entremêlées et encore quelque peu indécis, s'éloigna un moment, marchant dans plusieurs directions.

Puis il revint vers le vieil homme :

« Pourrez-vous vraiment m'aider ? »

Le contrat moral

« En quoi souhaitez-vous exactement que je vous aide ?

— En me disant comment sortir du pétrin dans lequel je suis, par exemple...

— Il est louable de votre part de savoir solliciter de l'aide à un moment où vous en ressentez le besoin. C'est déjà un acte positif en soi, expliqua le vieil homme. Je pourrais sans doute vous dire comment "sortir du pétrin", pour reprendre vos termes. Mais rien ne garantit que cela suffise.

— Et pourquoi cela ne suffirait-il pas ?

— Simplement parce que cela ne restaurerait pas votre confiance en vous.

— Mais alors que faire ?

— Je pourrais peut-être vous aider à vous aider vous-même, dit le vieil homme, quelque peu mystérieux. Mais cela dépendra uniquement de vous.

— Je ne suis pas sûr de comprendre, dit le voyageur.

— Le changement ne pourra venir que de vous, précisa le vieil homme. Et il vous faudra un peu de temps...

— Cela tombe bien, le temps est à peu près tout ce qu'il me reste en ce moment ! lança le voyageur sur un ton presque ironique envers lui-même.

— Mais je tiens, dès à présent, à être tout à fait transparent avec vous, dit alors le vieil homme. Je suis disposé à vous aider si c'est là votre souhait. Et j'en serais heureux. Sachez toutefois que c'est une démarche exigeante, pour vous comme pour moi.

— Ah ? s'étonna quelque peu le voyageur.

— En effet, il se peut que je sois amené à vous dire un certain nombre de choses parfois difficiles à entendre, et peut-être à accepter. Il faudra donc vous accrocher. Vous y sentez-vous prêt ?

— Oui, répondit-il spontanément, sans bien mesurer la portée de sa réponse.

— À votre ton, je ne vous sens cependant pas totalement convaincu. Peut-être souhaitez-vous réfléchir ? Ne vous sentez pas obligé de prendre position maintenant.

— Si, si, je suis prêt ! rétorqua le voyageur de façon un peu péremptoire, dans un sursaut d'orgueil.

— Alors, c'est entendu », conclut le vieil homme à la canne.

Toujours dans les hauteurs, le vieil homme profita encore un moment de la vue exceptionnelle qui s'offrait à eux. Le voyageur était pensif.

Le vieil homme avait le panier de fruits à portée de main. Il saisit l'un des fruits qui semblait commencer à s'avarier. Puis sortit un couteau de sa poche avec lequel il ôta la partie abîmée qu'il déposa délicatement près d'une fourmilière située à proximité. Il coupa en deux la partie saine du fruit. Puis en donna une moitié au voyageur.

À l'évidence, le vieil homme profitait pleinement du plaisir que lui procurait chaque mastication.

Le voyageur, lui, avala.

Après s'être éloigné un moment, le vieil homme, l'air grave, revint vers le voyageur. Il s'adressa à lui par ces mots :

« Régler ses problèmes n'est pas chose simple. C'est du moins ce que considèrent la plupart des gens et c'est en partie vrai. »

Après une pause, il poursuivit : « L'issue de vos efforts, quels qu'ils soient, dépendra avant tout de la manière dont vous choisirez de percevoir la réalité.

— Quelle réalité ?

— C'est bien cela, la question. Quelle est *la* réalité ? Et quelle est *votre* réalité ? Celle que vous percevez. Le tout est de savoir si les deux se rejoignent et concordent. Vous considérez aujourd'hui que vous avez des problèmes à régler. Bien, c'est déjà un point de départ que d'en prendre conscience...

— Oui et alors ? l'interrompit le voyageur.

— J'ignore les détails de votre situation actuelle, lui dit le vieil homme. Nous verrons peu à peu ceux qu'il est nécessaire que je connaisse, en fonction de ce que vous sentirez le besoin de me dire. Mais ce qui restera invariable au cours de nos échanges, c'est qu'il vous faudra accepter de regarder la réalité telle qu'elle est. Pas nécessairement telle que vous la percevez.

— Mais comment faire la différence ?

— C'est un exercice difficile, pour tout le monde, et... »

Le voyageur ne laissa même pas au vieil homme le temps de finir sa phrase. Anxieux et impatient, il lui coupa une fois de plus la parole :

« Êtes-vous en train de me dire que je ne vais pas pouvoir régler mes problèmes, puisque c'est si difficile ? »

Impassible, le vieil homme reprit :

« Comme j'essayais de vous le dire, c'est un exercice difficile, pour tout le monde, et il exige une certaine pratique.

— Et si je ne l'ai pas, cette pratique !

— Alors, il vous faudra l'acquérir. De *fil* en aiguille, vous serez ainsi en mesure de régler vos problèmes, quelle que soit leur nature.

— Bien, mais alors, par où commencer ? s'enquit le voyageur.

— Par un retour aux fondamentaux. Et un peu d'imagination..., suggéra le vieil homme.

— Je crois que dans mon état actuel, je n'ai plus beaucoup d'imagination, lança le voyageur en prenant un air dépité, qui laissait transparaître le manque de confiance qui s'était installé en lui.

— De manière générale, ce n'est pas dans les situations difficiles que nous sommes dans le meilleur état pour bien réfléchir. Ni pour agir au mieux. Alors, j'ai une question pour vous : êtes-vous prêt à vous mettre à l'épreuve pour apprendre comment surmonter vos problèmes ?

— Euh... oui, je crois, répondit sans grande assurance le voyageur qui ne comprenait pas où le vieil homme voulait en venir.

— Vous croyez seulement ? demanda ce dernier.

— Que voulez-vous que je vous dise d'autre ?

— Je vous l'ai dit, le chemin que je vous propose de parcourir est exigeant. Exigeant et gratifiant ! Et il nécessitera une forte détermination de votre part à changer certaines croyances et certaines habitudes.

— Comment cela ?

— Comme vous vous en apercevrez vous-même, quelques-unes de ces croyances et de ces habitudes, parfois bien ancrées, ont pu limiter votre développement.

— Comment savoir lesquelles ? interrogea le voyageur, toujours perplexe.

— Progresser requiert, en premier lieu, une analyse sans complaisance de nous-mêmes, de nos modes de pensée et de nos comportements. »

Le vieil homme fit une pause, laissant au voyageur un temps de réflexion. Puis il poursuivit :

— Ce travail sur soi doit pouvoir conduire à définir ces croyances et ces habitudes qui nous limitent. Un travail personnel qui peut parfois prendre une vie entière. Si tant est que l'on décide de s'y atteler !

— Et une fois qu'on les a identifiés, ces mauvais démons ? questionna le voyageur.

— Vous faites bien de parler de "mauvais démons". Car c'est bien de cela qu'il s'agit, de ces petites voix intérieures qui nous affaiblissent si nous les écoutons. Une fois ces petites voix repérées, nous devons nous interroger sur notre véritable désir d'amélioration.

— Mais c'est évident que je veux améliorer ma situation ! N'est-ce pas le cas de tout le monde ?

— Beaucoup, c'est vrai, disent vouloir améliorer leur situation. Mais il y a les déclarations d'intention et il y a les faits. Notre motivation *réelle* pour améliorer notre situation peut d'ailleurs se détecter si l'on y prête attention.

— Ah oui, et par quels moyens ?

— En premier lieu, par l'attention au choix du vocabulaire que nous employons, à la manière dont nous nous exprimons. Les mots sont le fruit de nos pensées et révèlent souvent beaucoup plus que ce dont nous avons nous-mêmes conscience…

— Auriez-vous un exemple ? s'enquit le voyageur.

— J'en aurais plusieurs, dit le vieil homme en soulevant les sourcils. Percevez-vous, par exemple, une différence entre :

« Je vais essayer de traverser la Manche à la nage »

Et :

« Je vais tout mettre en œuvre pour traverser la Manche à la nage ».

— Je perçois en effet une différence. Mais entre nous, ne joue-t-on pas là sur les mots ?

— Entre nous, et pas seulement entre nous d'ailleurs, cette différence va bien au-delà des mots. Elle se forge d'abord dans notre mental. »

Le vieil homme précisa :

« Ce ne sont pas les mêmes mots, mais surtout, ce ne sont pas les mêmes pensées. Et comme j'allais y venir, ce ne sont pas, non plus, les mêmes actions qui en découlent. Ni les mêmes résultats qui s'ensuivent. Autrement dit et pour abréger, une petite différence de vocabulaire peut conduire à une grande différence de résultat. »

Le vieil homme fit une pause et poursuivit :

« En étant attentifs aux mots employés et à la manière d'agir, nous pouvons en apprendre beaucoup sur le niveau de cohérence entre ce que l'on dit souhaiter et ce que l'on fait pour l'obtenir. Dans mon jargon, on appelle cela *l'alignement sur le fil*.

Le voyageur prenait pour lui-même toutes ces remarques.

Après un moment, il s'enquit :

« Et moi, je peux changer, d'après vous ?

— Tout le monde peut changer. À moins qu'il s'en empêche lui-même.

— Alors, comment faire ?

— Demandez-vous d'abord ce à quoi vous aspirez vraiment. Et surtout quels efforts, et parfois sacrifices, vous êtes prêt à effectuer pour y parvenir.»

Le voyageur prit le temps de peser les paroles du vieil homme. Il était tout à la fois impressionné par la sagesse que dégageait ce dernier, et angoissé par ce qui se profilait à l'horizon. Le vieil homme avait bien parlé d'épreuves, et ce mot-là, le voyageur l'avait bien entendu…

Après un moment de réflexion et d'observation rapide de la nature environnante, le voyageur dit cette fois avec une conviction plus prononcée :

« Je veux m'en sortir ! J'en ai assez de ramer à sens unique sans être reconnu…

— Cela n'indique pas ce à quoi vous aspirez…

— Mais si, je viens de vous le dire ! Je veux sortir de mes problèmes, martela le voyageur.

— Bien, et pour aller vers quoi ? redemanda le vieil homme en d'autres termes.

— Vers quelque chose de meilleur, c'est tout ce que je sais !

— C'est un peu flou, mais c'est un début. Considérons que c'est à mon tour à présent de vous rendre un service… »

Le vieil homme à la canne s'arrêta un instant, sourit et ajouta :

« Et vous savez, j'ai à cœur d'aller au bout de chacune de mes entreprises… »

Il plongea alors son regard intense dans celui du voyageur. Puis il lui tendit une main ferme et chaleureuse en signe de pacte.

Le fil

Sans autre formalité, le vieil homme enjoignit le voyageur de le suivre sur un sentier menant à la forêt avoisinante.

« Puis-je vous demander où nous allons ?

— Ne soyez pas inquiet, vous le découvrirez rapidement.

Après une marche silencieuse, le vieil homme pointa de sa canne ce qui, de loin, semblait être un câble reliant deux arbres. Ils arrivèrent à l'orée du bois.

« Voici mon terrain de jeu ! Je l'appelle *l'Antichambre,* dit le vieil homme d'un ton sibyllin.

Le voyageur semblait dubitatif.

Ils s'approchèrent jusqu'à l'endroit désigné puis, d'un geste assuré, le vieil homme ôta sa veste. Il l'accrocha méticuleusement à l'extrémité d'une branche dont il avait auparavant vérifié la solidité pour ne pas endommager l'arbre.

Il tendit aimablement sa canne au voyageur, l'invitant à en prendre soin pour lui.

Les yeux dirigés vers la cime des arbres, le vieil homme inspira profondément comme pour se charger de l'énergie de la nature qui l'entourait.

Il ferma les yeux et sembla entrer dans une profonde méditation, en parfaite harmonie avec son environnement.

Puis, après un moment, il saisit fermement l'échelle de corde enroulée autour du tronc le plus proche.

Le voyageur le regardait sans le quitter des yeux, de plus en plus incrédule et confus.

Le vieil homme n'allait tout de même pas grimper le long de l'arbre pour rejoindre le fil !

Le fil en question était situé à une hauteur telle que le voyageur ne parvenait même pas à l'évaluer ! Tout ce qu'il savait, c'était qu'une chute depuis cette hauteur serait fatale à n'importe qui ! Et quand bien même le vieil homme parviendrait en haut, ce qui constituerait déjà un exploit au vu de son âge avancé et du handicap que laissait imaginer sa canne, que ferait-il donc ? Tout de même pas traverser le fil ?

Pleinement concentré et laissant le voyageur à ses pensées, le vieil homme fit précisément ce que ce dernier ne parvenait même pas à imaginer.

Non seulement il le fit, grimpant sur une bonne hauteur par l'échelle de corde puis traversant le fil de bout en bout. Mais la performance fut réalisée avec une gestuelle d'une étonnante assurance et fluidité.

Incroyable ! Mais vrai...

Après être redescendu par l'échelle fixée de l'autre côté, le vieil homme salua et remercia, non sans une certaine révérence, le fil et la nature.

Il rejoignit ensuite le voyageur, auprès duquel il récupéra sa canne. Il le remercia d'un signe de la tête.

Le voyageur, lui, restait planté là, pantois, les yeux écarquillés. Il n'arrivait tout simplement pas à croire à la scène dont il venait d'être le spectateur impromptu.

Et pourtant, cette scène était bien réelle, il n'avait pas rêvé !

Mais quel était donc cet homme qui n'arrêtait pas de le surprendre, autant par ses attitudes que par cet exploit hors du commun ?

À cet instant, le voyageur ne le savait pas encore, mais il avait devant lui l'un des plus grands *Équilibristes* de tous les temps.

Après être enfin « redescendu sur terre », le voyageur demanda au vieil homme :

« Mais comment avez-vous réussi un tel tour de force ? Et avec autant de maîtrise ?

— Merci pour le "tour de force". Pour ramener les choses à leur juste proportion, cet exercice est plutôt le fruit d'un travail assidu et discipliné.

— Mais tout de même ! s'étonna le voyageur, toujours remué. Ce type de prouesse n'est pas à la portée de tout le monde !

— En est-on si sûr ?

— Je ne sais pas, mais il doit tout de même y avoir un secret, non ?

— Peut-être. En tout cas, pour ce qui me concerne, j'y ai cru, j'y ai travaillé toute ma vie et je continue à le faire. Jour après jour. Rappelez-vous, les croyances et les habitudes...

— Mais votre performance reste néanmoins incroyable ! réitéra le voyageur.

— C'est ce que vous croyez, répéta le vieil homme.

— Alors dites-moi, je suppose qu'évoluer en équilibre sur le fil n'est pas juste un hobby pour vous ? Était-ce votre métier ?

— Non ».

Puis le voyageur ne put s'empêcher de jeter un regard soutenu à la canne. Le vieil homme s'en aperçut.

« Mais au fait, votre canne ? » demanda le voyageur totalement désorienté, prenant conscience du mystère grandissant autour du vieil homme.

« Elle vous plaît ? répondit le vieil homme, non sans humour.

— Mais ce n'est pas ce que je veux dire ! Comment est-ce possible ?

— Les apparences sont parfois trompeuses, dit le vieil homme, qui semblait s'amuser de cette situation.

— Un accident ? tenta le voyageur qui ne pouvait contenir sa curiosité attisée.

— Pas exactement, mais une expérience plutôt difficile que j'ai dû apprendre à surmonter et à gérer. Elle m'a aussi beaucoup aidé à progresser dans la vie.

— J'imagine par conséquent que cette canne a une signification bien particulière pour vous.

— En effet », répondit simplement le vieil homme qui ne semblait pas enclin à vouloir donner plus de précisions.

Le voyageur le remarqua.

Il trouvait le vieil homme à la fois fascinant et intrigant. Quelles épreuves avait-il eu à traverser dans sa vie ?

En son for intérieur, le voyageur se dit qu'il finirait bien par le savoir. Le personnage en valait la peine. Pas de doute là-dessus !

L'heure de vérité

Les deux hommes face au fil, le vieil homme débuta :

« Souhaitez-vous toujours y voir plus clair et comprendre ce qui vous arrive pour améliorer votre situation ? »

Le voyageur répondit, sans trop réfléchir :

« Oui, bien sûr. D'ailleurs, je n'ai pas vraiment le choix.

— Détrompez-vous, nous avons toujours le choix. D'ailleurs, nous pourrions encore nous arrêter là.

— Que voulez-vous dire ?

— Simplement que l'apprentissage que je vous propose commence véritablement *ici et maintenant* ».

À ces mots, le vieil homme, à l'aide d'un mécanisme simple mais astucieux, fit descendre le fil jusqu'à ce qu'il soit ramené à une hauteur qui devait représenter environ la moitié de la taille d'un homme.

— C'est à vous maintenant ! lança-t-il.

— Pardon ? » s'étouffa le voyageur, qui recula d'un pas, manquant de trébucher et de perdre l'équilibre.

Il était devenu blême. L'image de sa femme lui vint alors à l'esprit. En un éclair et sans se l'expliquer, il se souvint qu'il devait l'appeler pour lui donner des nouvelles et la rassurer. Mais était-ce elle ou lui qu'il devait d'abord rassurer ?

Le vieil homme revint à la charge :

« Le fil vous attend.

— Je ne comprends pas bien ce que vous attendez de moi. C'est une plaisanterie, je suppose. C'est bien cela ?

— Votre bonheur et votre réussite sont, j'imagine, tout sauf une plaisanterie, répondit le vieil homme au voyageur sur un ton sérieux. Alors, si vous tenez à découvrir les clés de votre équilibre, allez-y, montez !

C'est alors que le voyageur comprit qu'il était face à une alternative :

- soit il remerciait dès maintenant le vieil homme pour son hospitalité et pour le temps qu'il lui avait consacré, puis il rebroussait tout simplement chemin. Affaire classée. Classée ? Vraiment ?

- soit il acceptait de s'en remettre à lui et de « jouer le jeu ». Affaire non classée, mais en bonne voie !

D'habitude, il serait parti.

Mais cette fois, il sentait qu'il ne pouvait fuir. Fuir une fois de plus ? Il était comme happé, pris à son propre jeu.

Le vieil homme lui inspirait force et confiance. Et le jeu en valait sûrement la chandelle. « Exigeant et gratifiant ! » Le voyageur l'espérait de toutes ses forces. C'étaient en tout cas les mots qu'avait employés le vieil homme…

Tel un pendule, l'esprit du voyageur oscillait entre ces deux options.

Cependant, pour la première fois depuis longtemps et à sa grande surprise, le voyageur décida de se fier à son instinct. Et c'était bien la seule chose à laquelle il pouvait à présent se rattacher.

Il pencha finalement pour la seconde option.

Et se la justifia à lui-même en cherchant à se convaincre qu'en tout état de cause, il ne pourrait guère « tomber plus bas ».

Malgré sa réticence initiale face à la demande insolite du vieil homme, le voyageur finit par s'exécuter et se dirigea vers l'arbre, les jambes tremblantes.

Il monta, tant bien que mal, le long de l'échelle de corde puis sur le fil, les deux mains solidement agrippées au tronc.

Après un temps d'hésitation qui lui parut interminable, devinant le regard que le vieil homme portait sur lui, le voyageur crispé se décida à lâcher l'arbre. Et se lança.

Sans grande surprise, il perdit vite l'équilibre, chuta et se retrouva au sol.

Le vieil homme à la canne s'approcha de lui.

D'un air rassurant, il lui dit simplement :

« Bravo ! »

La transformation

1. GÉRER LE DÉSÉQUILIBRE

Comment récupérer et remonter sur le fil après une chute

L'émotion

Le voyageur était au sol. Rouge de rage, comme de honte. Il explosa :

« Bravo ? ? ? Et en plus, vous vous payez ma tête ! Vous ne manquez pas de culot ! C'était évident que j'allais m'étaler. Pourquoi m'y avez-vous poussé ?

— Oui, bravo, et encore bravo, répondit le vieil homme. Comment vous sentez-vous ?

— Comment croyez-vous que je me sente après cette chute lamentable ?

— En vous observant, je dirais… plutôt en colère.

— En colère ? Vous m'avez ridiculisé ! Est-ce que j'ai encore besoin de subir toute cette mascarade ?

— Oh, il n'y a là aucune mascarade. Ce que vous venez d'expérimenter n'est qu'une manière, comme une autre, de chuter. À mes yeux, vous n'êtes aucunement ridicule. Mais je peux comprendre que vous vous sentiez de la sorte...

— Je voudrais bien savoir ce que vous attendez de moi exactement ! reprit le voyageur, mécontent.

— Ce que j'attends de vous... ? répondit le vieil homme prenant un air surpris, avant de se faire interrompre par un voyageur visiblement très irrité.

— Oui, ce que vous attendez de moi ! Qu'est-ce que tout cela signifie ? Pourquoi me mettez-vous en colère alors que je broie du noir depuis des heures ? Vous cherchez à m'enfoncer, c'est cela ? »

Le vieil homme prit un moment avant de répondre et regarda le voyageur :

« Une chute, de quelque nature soit-elle, dit-il, génère des émotions. Plus ou moins intenses, plus ou moins durables. C'est normal. C'est humain. »

Il continua :

« Vous savez, l'émotion est une énergie nécessaire et elle nous fait souvent avancer. Sauf quand elle finit par nous submerger. Aussi devons-nous distinguer si cette émotion agit positivement ou négativement en nous. Donc, apprendre à en décoder la charge positive ou négative et à la maîtriser. Dans le cas contraire, c'est notre émotion qui nous maîtrise. Avec des conséquences qui peuvent devenir incontrôlables. »

Le voyageur restait très agité. D'un air désemparé, il dit au vieil homme :

« Le problème, c'est que je ne maîtrise plus rien. Après tout ce temps passé à donner le meilleur de moi-même au service de la société et à faire des sacrifices, ils m'ont viré en un instant. Comme si tout cela n'avait jamais compté ! J'ai tout donné. J'ai tout perdu. Ils m'ont trompé. Je n'ai eu qu'à me taire et à accepter. Alors, vous comprendrez que la coupe est pleine...

— Je peux le comprendre, en effet. Je sens que vous souffrez et les choses ne se passent pas toujours comme on voudrait qu'elles se passent.

— Ah ça, c'est sûr que cette situation n'aurait jamais dû m'arriver !

— C'est une situation qui se produit régulièrement de nos jours et qui touche de très nombreuses personnes. Et leurs familles. Aviez-vous déjà envisagé que cette situation puisse vous arriver un jour ?

— Mais bien sûr que non... Comment l'aurais-je pu ? Peut-on imaginer de se faire traiter de la sorte, surtout quand on s'est investi toutes ces années pour une organisation en laquelle on croyait ?

— Avez-vous le sentiment d'avoir été trahi ?

— Complètement ! J'ai toujours fait ce qu'on attendait de moi, et même beaucoup plus, et voilà la récompense !

— Est-ce le fait que ce soit terminé ou, plus encore, la façon dont cela s'est terminé qui vous dérange le plus ? »

La question méritait réflexion et il y avait bien là deux niveaux d'analyse. Toutefois, toujours sous le coup de l'émotion, le voyageur ne semblait pas en mesurer toute la portée. Il répondit :

« De toute manière, cela ne fait pas une grande différence. Aujourd'hui, je ne fais plus partie de l'entreprise alors que je devrais encore y travailler. Je leur ai tout donné !

— Avez-vous le sentiment de leur avoir plus donné qu'ils ne vous ont donné ?

— Mais qu'est-ce que cela peut bien changer ? interrogea le voyageur qui restait énervé et ne comprenait pas pourquoi toutes ces questions.

— Eh bien, cela peut changer beaucoup de choses pour bien analyser et comprendre la situation. C'est la différence entre la réalité et votre *perception* de la réalité. Analyse et émotions font rarement bon ménage. Même si, bien entendu, vos émotions peuvent être légitimes...

Le voyageur dut bien admettre qu'il n'avait pas vu les choses sous cet angle.

Réalités

Le vieil homme était-il en train de suggérer que la situation vécue par le voyageur était finalement logique ou pire, équitable ?

Cette pensée inconfortable perturbait ce dernier.

Le vieil homme s'en aperçut. Il précisa son raisonnement :

« Ne voyez aucune insinuation dans ce que je vous dis là. Je ne suis pas en train de prendre parti. Je ne dispose en outre d'aucun élément pour prendre position sur le sujet de votre licenciement. Cela, d'ailleurs, ne m'appartient pas. Ma question vise simplement à vous accompagner dans votre réflexion pour vous aider à y voir clair. »

Il observa tranquillement le voyageur troublé, puis continua :

« Nous devons comprendre les raisons *premières* de notre ressentiment et analyser la réalité sous *tous* ses aspects. C'est une question d'hygiène mentale.

— Vous trouvez ma réaction excessive, c'est cela ?

— Je ne me permettrais pas d'en juger et je ne suis pas à votre place. Ce que je sais cependant, c'est que les pensées ne sont pas toujours objectives ni aidantes lorsque l'on raisonne sous le coup de l'émotion. »

D'un ton profond et introspectif, comme se remémorant la dureté parfois très cruelle de certaines épreuves de la vie, le vieil homme poursuivit :

« Voir les situations sous toutes leurs facettes peut parfois sembler très difficile. Voire impossible dans certains cas. Mais cela peut aider à mieux comprendre les choses. Pour ensuite tenter, si possible, de les accepter. Mais revenons à votre licenciement.

— Je croyais que c'était ce dont nous parlions ?

— Oui, de votre licenciement et plus généralement, des diverses épreuves que la vie peut présenter. Chacun d'entre nous considère souvent que la situation qu'il est en train de vivre est plus dure que celle de son prochain. Encore une fois, c'est humain. Le déséquilibre que vous ressentez est, en partie, une question de point de vue et d'interprétation.

— Non mais vous plaisantez, mon licenciement n'est tout de même pas une vue de l'esprit ! Je n'ai plus de boulot, moi ! se révolta le voyageur.

— Est-il possible que votre employeur, lui, considère vous avoir donné les moyens nécessaires et payé ce qu'il vous devait pour la mission qui était la vôtre ? Et qu'il aurait ainsi rempli sa part du contrat ? » demanda le vieil homme qui cherchait, presque de manière dialectique, à aider le voyageur à appréhender la situation sous toutes ses perspectives.

Le voyageur réfléchit un moment. Des images de sa carrière et de ses collègues défilèrent dans sa tête. Étrangement, ce furent les souvenirs positifs qui l'emportèrent. Il en fut agréablement surpris. Sans sa colère liée à la mauvaise nouvelle du licenciement, il s'en serait trouvé apaisé.

Il s'ouvrit au vieil homme :

« Mais pourquoi a-t-il fallu qu'ils cassent tout par cette restructuration ? On formait une bonne équipe et on faisait du bon travail...

— Que la restructuration dont vous venez de subir les effets soit ou non justifiée est déjà une autre question. On peut comprendre que vous vous la posiez. Mais pouvez-vous concevoir et accepter de ne pas forcément détenir tous les éléments de réponse à ce sujet ?

— Oui, peut-être. C'est vrai que l'on ne sait jamais tout sur tout.

— L'équilibre implique une vision d'ensemble. Souvent, nous nous positionnons et nous exprimons sur des sujets dont nous n'avons qu'une partie des tenants. Et donc, par définition, qu'une partie des aboutissants. C'est la source de nombre de nos déséquilibres...

— J'entends bien. Mais cela ne donne pas pour autant carte blanche à ceux censés disposer de la vision d'ensemble, donc aux décideurs, pour agir n'importe comment !

— C'est juste. Quelles que soient les décisions que nous pouvons être amenés à prendre, nous devrions toujours le faire avec tout le respect qui s'impose. Tant sur le fond que sur la forme. C'est une question d'éthique, donc d'équilibre. Force est de constater, malheureusement, qu'il n'en est pas toujours ainsi. Parfois par intention. Parfois par inconscience ou insouciance. Parfois, encore, par manque de savoir-faire, par incompétence. »

Le voyageur restait pensif.

Les mots du vieil homme étaient empreints d'équilibre et de bon sens. Cela, le voyageur ne pouvait le contester.

Bien qu'encore remué, il se dit que sa propre analyse des situations méritait probablement d'être approfondie et mûrie.

La prochaine fois, avant de prendre position, il s'assurerait de ne pas le faire sous le coup de l'émotion. Ce serait déjà un premier pas.

Il connaissait autour de lui trop de personnes qui portaient des jugements sur tout sans disposer de toute l'information ni du recul nécessaires pour le faire. Et il devait reconnaître que cela l'agaçait parfois au plus haut point.

Le vieil homme crut sentir une énergie nouvelle émaner du voyageur. Il lui offrit un regard chaleureux puis l'invita à faire quelques pas en direction du lac qui jouxtait la forêt.

Le lac

Les deux hommes s'étaient assis sur un talus en bordure du lac.

Le voyageur fut d'emblée impressionné par l'exceptionnelle beauté naturelle du paysage.

« Que pensez-vous de cet endroit ? lui demanda le vieil homme.

— J'avoue qu'il ne me laisse pas indifférent. Cette harmonie qui semble si parfaite...

— En effet, la nature a ce don de créer l'accord parfait. »

Le vieil homme continua :

« Vous voyez la surface de ce lac ?

— Oui.

— Pour qu'elle reste parfaitement calme et puisse refléter la beauté du ciel et du paysage, ses eaux, jusqu'au plus profond, doivent elles-mêmes rester paisibles.

— Pourquoi me dites-vous cela ?

— Car lorsqu'il n'en est pas ainsi, le lac s'agite. La boue du fond se mélange alors peu à peu à l'eau, qui devient trouble.

— Je ne comprends toujours pas…

— Ne pourrait-il pas en être de même pour l'esprit humain ? questionna le vieil homme, d'un ton presque taquin.

— Que voulez-vous dire ?

— Je veux dire que l'agitation intérieure et les émotions négatives, telle la boue remuée, finissent toujours par brouiller l'esprit de l'homme, telle l'eau du lac. Sans clarté, l'esprit comme l'eau sont troublés.

— Donc ma colère m'empêche d'y voir clair, c'est bien cela ?

— Oui, précisément.

— Belle métaphore ! » s'exclama le voyageur.

Ce dernier attrapa machinalement un bâton et remua le fond de l'eau en bordure du lac, comme pour matérialiser son apprentissage. Puis il observa l'eau se troubler et s'en amusa, tel un enfant émerveillé par ses découvertes d'explorateur en herbe.

Le vieil homme à la canne sentait que le voyageur commençait progressivement à retrouver son calme. Il le laissa seul le temps de faire quelques pas et observa le ciel qui avait changé de couleur.

Il revint après un moment. Le voyageur lui dit :

« Pardonnez-moi de m'être emporté tout à l'heure au sujet de mon licenciement. Mes paroles ont dépassé mes pensées et j'espère ne pas vous avoir offusqué…

— Pas le moins du monde, soyez-en rassuré. Votre réaction est humaine. Vous avez exprimé des émotions légitimes à la suite du choc que vous avez subi. »

Puis le vieil homme poursuivit en regardant le voyageur bien en face :

« Je vous remercie néanmoins de vous préoccuper de ma réaction. Non pas pour ma propre satisfaction égocentrique, mais pour l'attitude empathique que cela révèle de votre part. »

Le voyageur, dont le visage était crispé depuis un bon moment, esquissa enfin un sourire et sembla se détendre.

Il donnait l'impression à présent d'être convaincu que son séjour auprès du vieil homme pourrait lui être bénéfique.

Il ressentait, en outre, un irrépressible besoin de découvrir l'origine de la sérénité et de la sagesse que le vieil homme incarnait à ses yeux. Peut-être était-ce là que résidait le secret de l'équilibre ?

La chance

Ils retournèrent à *l'Antichambre* et, une fois sur place, le vieil homme à la canne invita le voyageur à remonter sur le fil.

« Je suppose que je n'ai pas le choix ? dit ce dernier, un rien plaisantin.

— Je vois que vous avez retrouvé le sens de l'humour », lui répondit le vieil homme sur un ton léger.

Le voyageur monta cette fois avec plus d'assurance que lors de sa première tentative. Bien que restant prudent, il n'hésita pas, cette fois, à aborder la traversée du fil.

Après un pas de plus que la fois précédente, il glissa et reproduisit la même chute qu'avant.

Sans rien dire, il remonta sur le fil, chuta, remonta, chuta, remonta et chuta encore...

Visiblement contrarié par ses résultats qu'il estimait pitoyables, il lança au vieil homme, d'un ton amer :

« À croire que je n'ai décidément pas de chance !

— Comment cela ?

— Mes résultats parlent d'eux-mêmes, non ?

— Vos résultats sont ce qu'ils sont et vous avez déjà progressé, indiqua le vieil homme. *L'échec est la clé du succès.* À condition de savoir en tirer les leçons. Dans ce cas, chaque chute vous apprend quelque chose.

— Peut-être, mais je ne vois pas en quoi j'ai progressé ! De toute façon, je n'ai jamais eu beaucoup de chance...

— Pensez-vous vraiment que la chance ait grand-chose à voir avec votre capacité à traverser ce fil ?

— Je ne sais pas. Ce que je sais en revanche en parlant de la chance, c'est que certains en ont plus que d'autres. Et que cela leur donne généralement de meilleurs résultats.

— Vous aimeriez avoir plus de chance ?

— Sans aucun doute ! Pas vous ? s'enquit le voyageur qui voyait là une occasion d'en savoir plus sur le vieil homme.

— Pour ce qui me concerne, si j'avais compté sur la chance dans ma vie, je ne pense pas que vous me verriez aujourd'hui en face de vous.

— Pourquoi ne seriez-vous pas là aujourd'hui ? demanda le voyageur, sur un ton presque inquisiteur.

— Car la vie réserve à chacun son lot d'épreuves et je ne fais pas exception.

— Avez-vous beaucoup souffert ?

— Tout est question d'*échelle*... J'ai beaucoup appris et je suis reconnaissant à la vie de m'avoir donné la force et la combativité dont j'ai parfois eu besoin ».

Décidément, ce vieil homme était intrigant.

Qui était-il exactement ?

Par quelles épreuves était-il passé ?

D'où venait-il ? Où allait-il ?

Autant de questions qui virevoltaient dans la tête du voyageur qui revint à la charge :

« Mais franchement, tout le monde n'est pas égal face à la vie, vous ne croyez pas ?

— Vous avez raison, tout le monde ne part pas du même pied.

— Alors, c'est bien que certains ont plus de chance que d'autres ? insista le voyageur.

— Je n'ai pas parlé de chance. À force de considérer que les différences de parcours viennent de la chance, on en devient vite l'objet et l'on ne maîtrise plus sa vie. Voilà ce que je crois, dit le vieil homme en accentuant ces derniers mots.

— Vous voulez dire que je ne maîtrise pas ma vie ?

— Aucunement, c'est vous qui le dites. Le pensez-vous ?

— Non... enfin, cela dépend, je... »

Le voyageur hésitait. Il bégaya, la question l'embarrassait. Puis il reprit :

« Pour tout vous dire, je ne sais plus. J'ai longtemps cru que je maîtrisais tout. Et aujourd'hui, je m'interroge sur ce que je maîtrise encore...

— On ne peut maîtriser que ce qui est maîtrisable. En commençant par discipliner notre esprit, et en laissant faire le reste. Regardez ce fil. Le traverser de bout en bout n'a rien à voir avec la chance. Plus vous vous donnerez les moyens de le traverser comme il faut, plus la chance sera susceptible de vous sourire. N'attendez rien de plus !

— Et de quels moyens s'agit-il ?

— La pratique vous les enseignera. Rien ne remplace la pratique. Les progrès viennent à ceux qui s'entraînent, encore et toujours.

— Mais dites-moi, ce qui m'intrigue, c'est que vous parlez de ce fil comme on parle de la vie !

— Croyez-vous qu'il s'agisse d'autre chose ? »

Le voyageur reçut cette réponse comme une révélation.

Tout semblait à présent s'éclaircir pour lui.

Soudain, il comprenait que le fil symbolisait la vie. Avec ses réussites et ses échecs. Ses équilibres et ses déséquilibres...

Du temps passa.

L'énergie

« Puis-je remonter ? » demanda le voyageur revigoré.

Le vieil homme acquiesça d'un signe de la tête.

Le voyageur ne se fit pas prier.

Le scénario qui semblait maintenant devenu habituel se reproduisit.

Toujours vexé, le voyageur tenta de revenir sur le fil une nouvelle fois. Il s'étala de nouveau. Visiblement, il commençait à se fatiguer.

Pris à son propre jeu et de manière presque mécanique, il s'apprêtait à remonter une énième fois... Lorsqu'il fut stoppé net dans son élan par la canne du vieil homme, qui lui barra le chemin.

« Vous pourriez chuter de très nombreuses fois ainsi..., lui confia ce dernier.

— Mais pourquoi me dites-vous cela quand j'essaie d'y arriver ? lui demanda le voyageur, dépité.

— Précisément parce que c'est ainsi que vous risqueriez de ne pas y parvenir !

— Alors cette fois, je ne comprends vraiment plus rien..., dit le voyageur en baissant les bras.

— Tout est question d'énergie. Sur ce fil comme dans la vie. Je vous ai, il est vrai, encouragé à remonter sur le fil.

— Eh oui justement, pourquoi m'avoir stoppé ? s'indigna le voyageur.

— Se donner les moyens, les bons moyens, c'est aussi savoir adopter la stratégie gagnante. En commençant par savoir récupérer, alterner dépense et récupération d'énergie. Donc, savoir s'arrêter au moment approprié, pour mieux redémarrer ensuite. »

Le vieil homme à la canne expliqua :

« Votre corps est votre véhicule. Votre cerveau en est le conducteur. Sachez ménager l'un comme l'autre si vous voulez atteindre votre but. »

Laissant le voyageur à ses pensées, le vieil homme observa le coucher du soleil.

Il décida qu'il était temps de rentrer pour nourrir les animaux. Et s'occuper de *L'Auberge de la Bonne Étoile.*

Après un moment, il déclara :

— Nous devons à présent rejoindre l'auberge. Auriez-vous l'amabilité d'emporter le panier de fruits ?

Le voyageur accepta. Il ne dit plus un mot sur le chemin du retour.

Le carnet

Après un dîner qu'il passa à gamberger, le voyageur donna un coup de *fil* à sa femme. Il mit quelque temps pour lui annoncer la nouvelle de son licenciement. Mais il le fit.

Habituellement, il aurait cherché une excuse pour ne pas perdre la face.

Il ne savait pourquoi, mais pour la première fois depuis bien longtemps, il n'usa cette fois d'aucune échappatoire.

Il fut très agréablement surpris par la réaction positive et encourageante de son épouse face à cette adversité qui risquait de s'annoncer pour eux. Il venait tout de même de perdre son job !

Le voyageur se sentit soudain plus léger.

Après avoir communiqué les coordonnées de l'auberge à sa femme, il lui demanda de lui accorder un peu de temps pour prendre du recul.

Elle accepta spontanément cette requête. Comme si elle avait perçu, au son de la voix de son mari, qu'il en ressentait un profond besoin.

En remontant dans sa chambre, le voyageur salua le vieil homme. Celui-ci s'enquit de son état d'esprit à l'issue de cette journée intense. Aussi, il lui posa une main sur l'épaule et le complimenta pour les progrès déjà réalisés depuis leur rencontre.

Dans l'escalier, le voyageur s'arrêta devant un tableau de maître aux lignes harmonieuses et équilibrées qui avaient attiré son attention. Il contempla longuement cette œuvre d'art, comme pour en absorber l'énergie. Bien qu'éreinté, il redressa son buste et sentit une vigueur nouvelle en lui. Comme une force passagère et bienvenue.

Une fois dans sa chambre, il s'affaissa toutefois dans le fauteuil à proximité de la table basse.

Ses yeux errèrent un moment, avant de se poser sur le « *Carnet de...* ».

Il le prit entre ses mains et le regarda un moment.

Que cachait ce titre ?

Pour le savoir, le voyageur ouvrit le carnet en question. Il fut surpris de n'y découvrir que des pages blanches.

Ces pages vides lui étaient-elles destinées ?

Et si oui, devait-il y voir une invitation ?

Mais une invitation à quoi ?

Soudain, cela lui apparut comme une évidence !

Ce carnet, il le devinait, n'avait pas été placé là par hasard. Il n'alla pas, cependant, jusqu'à penser qu'il pouvait s'agir d'une prémonition de la part du vieil homme à la canne.

Mais tout de même, c'était sacrément bien pensé !

Il ressentit alors le besoin de capturer l'essence de cette journée décidément singulière.

D'un geste nonchalant, il inscrivit ses réflexions sur la première page à l'intérieur du carnet :

RASSEMBLE TES FORCES !

Après une chute,
reprends tes esprits et maîtrise tes émotions
pour retrouver ton calme.

Comprends et accepte les situations,
telles qu'elles sont !
Tires-en les leçons et n'oublie pas :
l'équilibre n'a rien à voir avec la chance !

Gère ton énergie pour récupérer
avant de remonter sur le fil.

Le voyageur reposa le carnet sur la table. Il passa rapidement à la salle de bain puis s'allongea sur le lit et s'endormit.

Le message

Aux aurores, le chant des oiseaux réveilla le voyageur.

Il n'avait pas dormi aussi profondément depuis bien longtemps et contrairement à l'habitude, il n'eut aucun mal à se lever.

Il fut vite prêt et descendit pour prendre son petit déjeuner.

Sa surprise fut grande de constater l'impressionnante variété, fraîcheur et qualité des aliments proposés par l'auberge. Un vrai plaisir des sens !

Par curiosité, il prit le temps de goûter une petite quantité de chacune des saveurs naturelles de ces nombreux produits du terroir. Il s'en délectait. Il sentait qu'il se ressourçait peu à peu et que son corps appréciait.

Cette journée débutait bien...

Avant que le voyageur quitte sa table, quelqu'un s'approcha discrètement et lui tendit une enveloppe fermée :

« On m'a chargée de vous transmettre ce message », dit la personne.

Le voyageur ouvrit la missive et lut :

« Traverser le fil avec succès est rarement un exercice d'improvisation. Regarder le vide entraîne vers la chute. »

Le vieil homme, car il ne pouvait s'agir que de lui, était décidément un personnage énigmatique, pensa le voyageur.

Que fallait-il décrypter de ce message ?

Il le relut :

« Traverser le fil avec succès est rarement un exercice d'improvisation... »

Le fil symbolise la vie, cela le voyageur l'avait bien compris.

Il interprétait, à travers ces mots, que réussir sa vie ne pouvait reposer sur l'improvisation.

Que, par conséquent, la préparation était essentielle, voire vitale ! Non seulement pour traverser le fil avec succès, mais également pour éviter la chute.

Repensant à son licenciement, aurait-il dû, de fait, y être mieux préparé ? Par analogie, c'était en tout cas une des interprétations possibles que le voyageur pouvait faire du message.

Il avait subi de plein fouet l'annonce de son départ. Le moins que l'on puisse dire, c'est qu'il n'y avait pas été préparé.

Mais, dans le même temps, il s'était déjà convaincu qu'il n'aurait *pu y être préparé.*

Une petite voix intérieure lui disait, cependant, qu'il aurait peut-être *pu s'y préparer...* et même *dû s'y préparer.*

Devait-il alors comprendre qu'on *pouvait* toujours se préparer ?

Il se reprit : qu'on *devait* toujours se préparer.

Mais à quoi se préparer, si l'on ne sait pas ce qui nous attend dans la vie ?

Les idées fusaient dans sa tête.

Il en conclut que la solution était sûrement de se préparer toujours, au meilleur comme au pire.

D'ailleurs, à bien y réfléchir, des messages de mise en garde, plus ou moins explicites, lui étaient déjà parvenus, sous diverses formes.

De la part de collègues, d'amis, ou parfois même d'inconnus.

Jusqu'aux médias qui, régulièrement, faisaient référence aux incertitudes de l'économie globale.

Le voyageur sentait qu'il n'avait pas vraiment su écouter ni décoder ces messages.

En fait, ces *présages* !

Et quand il les avait écoutés, cela avait été pour les réfuter invariablement. En bloc.

Comment avait-il pu faire preuve d'une telle surdité et d'un tel aveuglement ?

À y repenser, et en déchiffrant les multiples signaux que la vie lui avait maintes fois envoyés, ce qui venait de lui arriver pouvait finalement ne pas sembler si étonnant.

Il s'était tout simplement *déconnecté*... !

En lisant la suite du message, celle-ci lui parut claire. Du moins, au premier degré de lecture.

« ...Regarder le vide entraîne vers la chute. »

Le voyageur déduisait qu'il était facile de tomber si l'on focalisait son attention vers le bas.

Par peur de la chute, par distraction ou encore par égarement...

Autrement dit, qu'il fallait davantage regarder devant soi que vers le bas pour optimiser ses chances de progresser sur le fil. Et donc d'éviter la chute.

Ayant intégré que le succès ne s'improvisait pas, le voyageur décida de s'appliquer immédiatement ce précepte.

Pour cela, il entreprit de relire consciencieusement et de manière détaillée le message du vieil homme. Mot à mot. Et dans son ensemble. Afin de bien s'assurer d'en avoir saisi la quintessence. Afin également de ne rien laisser au hasard.

« Traverser le fil avec succès est rarement un exercice d'improvisation. Regarder le vide entraîne vers la chute. »

Le voyageur conclut que *préparation* et *vigilance* devaient cohabiter en permanence pour traverser le fil, donc la vie, avec succès.

Il se prit au jeu et extrapola le raisonnement au-delà du message. En pensant qu'il fallait également s'entourer de « rétroviseurs » pour augmenter sa visibilité et réduire sa vulnérabilité.

Cette perspicacité d'analyse nouvellement trouvée le surprit. Et l'enchanta.

Il se fit la remarque que décidément, cette journée débutait bien... !

Instinctivement, il sentit alors un besoin irrépressible de retourner à *l'Antichambre...*

... pour se préparer.

La terre

Après la même marche que celle effectuée la veille pour rejoindre *l'Antichambre*, le regard du voyageur fut accroché par une kyrielle de détails qu'il n'avait pas remarqués précédemment.

Cette excursion le ragaillardit.

Bientôt, le voyageur se retrouva seul, face au fil.

À la suite du message du matin, il avait imaginé retrouver le vieil homme sur place.

Ce ne fut pas le cas. Il s'en trouva quelque peu désemparé.

Puis il entendit un bruit lointain et répétitif qui attira son attention.

Il s'avança dans la direction du bruit et, de loin, aperçut vaguement deux silhouettes au milieu d'un vaste champ.

Il observa attentivement ces deux personnes cultivant la terre. Le soin tout particulier qu'elles apportaient à chacun de leur geste semblait témoigner d'une attitude quasi révérencieuse envers la nature.

Cette relation privilégiée entre l'homme et la terre tenait de la symbiose.

Cela n'échappa pas au voyageur qui avait le sentiment de contempler un tableau.

Après un certain temps, une des deux silhouettes s'approcha de lui.

Il s'agissait du vieil homme. Sans sa canne.

Ils se saluèrent.

Le voyageur, repensant au contenu du mystérieux message reçu un peu plus tôt, sollicitait inconsciemment un échange complice avec le vieil homme.

Celui-ci, souriant, demanda simplement :

« Avez-vous bien dormi ? »

Le voyageur répondit avec entrain :

« Merveilleusement bien ! Cet endroit est un vrai havre de paix, je me sens revivre. »

Il poursuivit par une question :

« Vous êtes installé ici depuis longtemps ?

— Depuis quelque temps, en effet, répondit le vieil homme de manière posée.

— Et vous travaillez souvent la terre ? demanda le voyageur enthousiaste.

— C'est une de mes occupations favorites. Le contact avec la terre m'est important.

— Pour quelqu'un qui aime évoluer en l'air sur un fil, c'est plutôt cocasse ! s'amusa le voyageur.

— Vous trouvez ? demanda le vieil homme, un brin espiègle. Puisant dans ses classiques, il ajouta : vous savez, tout vient de la terre, et tout y retourne… »

Le voyageur n'en revenait pas de la philosophie de vie qui se dégageait de ce vieil homme. Avec ou sans sa canne !

Il se réjouissait d'avoir décroché une nouvelle information, aussi minime soit-elle, sur sa vie.

Son seul problème, c'était que toutes les réponses qu'il recevait semblaient prendre la forme de messages codés ! Un agent secret n'aurait pas fait mieux !

Le voyageur poursuivit ses investigations :

« Et vous vivez seul ? demanda-t-il.

— Non, répondit le vieil homme sans plus de détails.

— Votre épouse travaille avec vous ?

— C'était le cas. Jusqu'à son départ... »

Le voyageur n'insista pas. Il dit simplement, d'un ton embarrassé :

« Je suis désolé. Je n'aurais peut-être pas dû vous poser la question.

— Ne vous inquiétez pas, j'ai l'habitude », répondit le vieil homme.

Le jeu de l'ego

Le vieil homme demanda au voyageur :

« Au fait, avez-vous réussi à joindre votre épouse comme vous le souhaitiez ?

— Oui, je l'ai eue au bout du *fil* hier soir après le dîner. Je lui ai expliqué ma situation et nous avons bien discuté. Et pour tout vous dire, j'ai été vraiment surpris du soutien que j'ai reçu de sa part.

— C'est bien. Je suis heureux de l'entendre. »

Le voyageur sentit le besoin de se confier :

« La compréhension dont ma femme a fait preuve est d'autant plus étonnante que je traverse actuellement une phase difficile dans mon couple. Et je n'aurais jamais attendu une réaction aussi positive de sa part.

— Pourquoi est-ce si étonnant ?

— Parce que la plupart du temps, ma femme ne me comprend pas.

— Qu'est-ce qui vous fait penser qu'elle ne vous comprend pas ?

— Son attitude ! dit le voyageur sans hésitation.

— Que lui reprochez-vous ?

— Ce que je lui reproche ? C'est qu'elle ne se met jamais dans ma tête, qu'elle ne m'écoute pas.

— Et votre attitude, comment la trouve-t-elle ? Vous mettez-vous dans sa tête ? L'écoutez-vous ?

— Euh, oui, je pense, dit le voyageur sans grande assurance.

— Vous le pensez ou elle vous l'a dit ?

— Je n'ai pas besoin qu'elle me le dise, je le sais. C'est tout ! lança le voyageur pour se rassurer. D'ailleurs, j'arrive très bien à cerner les gens. Je le sais.

— Hum, hum », se contenta de faire le vieil homme.

Il y eut un moment de silence, qui parut interminable.

Puis le voyageur renchérit, semblant presque se justifier :

« Même si je ne suis pas parfait, elle pourrait tout de même faire des efforts, vous ne croyez pas ?

— Je ne crois qu'en l'équilibre, répondit le vieil homme placidement. Dès que la balance penche d'un côté ou de l'autre, un déséquilibre apparaît automatiquement. Mécaniquement. Et parfois durablement. Au détriment de l'un, de l'autre, du couple. Puis de votre entourage.

— Mais j'ai pourtant l'impression d'en faire, moi, des efforts ! dit le voyageur.

— Et votre épouse, elle, a-t-elle la même impression ?

— Cela dépend. Pas toujours. Nous avons des différences de vues.

— Vous disiez que votre épouse ne vous comprenait pas, rappela le vieil homme. Et vous, estimez-vous la comprendre ?

— En tout cas, je le pensais jusqu'à présent, répondit le voyageur qui s'apercevait qu'il n'en était plus si sûr.

— Votre épouse pense-t-elle que vous la comprenez ?

— Je ne sais pas, moi, ce qu'elle pense, je ne suis pas dans sa tête !

— N'avez-vous pas dit, il y a un instant, que vous lui reprochiez de ne jamais se mettre dans votre tête ? dit le vieil homme, qui avait prêté attention à la sémantique choisie par le voyageur.

— …

— Avez-vous déjà demandé à votre épouse si elle pense que vous la comprenez ?

— Mais ce n'est pas le problème ! dit, un peu excédé, le voyageur qui avait perdu pied.

— Ce n'est pas *le* problème ou ce n'est pas *votre* problème ? » dit le vieil homme avec insistance, comme pour amener son interlocuteur à en mesurer toute la nuance.

Il compléta :

« Notre discussion pose la question de savoir jusqu'à quel point on accepte la critique. Et notamment en provenance de son entourage direct.

— Les gens acceptent rarement la critique ! répondit le voyageur, un peu narquois. C'est un peu normal, non ?

— Normal ? s'exclama le vieil homme. Je dirais plutôt dommage, surtout lorsque la critique est constructive ! Ne croyez-vous pas que l'on gagnerait tous à l'accepter davantage, parfois même à la solliciter ?

— Si j'avais sollicité la critique avec ma femme, je crois que nous serions en conflit permanent ! Et puis si l'on faisait ce que vous dites, ne passerait-on pas son temps à recevoir des critiques de la part de tout le monde ? ironisa le voyageur.

— La critique nous permet de mieux nous connaître, d'éviter les non-dits et ainsi de progresser. Il appartient ensuite à chacun de faire le tri ! dit le vieil homme. La critique suppose, à un moment ou à un autre, de mettre notre ego de côté et de s'ouvrir aux autres.

— Eh bien en vous écoutant, je crois que je ne suis pas encore tout à fait mûr pour cela », confessa le voyageur.

Le vieil homme mesurait bien la déstabilisation du voyageur depuis le début de la discussion. Et il l'avait voulu ainsi pour faire « bouger les lignes », sentant que cela devenait nécessaire.

Son expérience d'*Équilibriste* lui avait enseigné que toute oscillation excessive nuit à l'équilibre et peut conduire à la chute. Il essaierait donc de sensibiliser le voyageur à cette vérité de l'équilibre.

Dans le même temps, le voyageur avait baissé le regard. Il semblait être entré dans une sorte de dialogue intérieur.

Avait-il, à ce point, perdu le contact avec la réalité et fait abstraction des attentes et besoins, exprimés ou non, de sa femme ? Ou plutôt de son *épouse*, comme le disait de manière plus appropriée le vieil homme. Le choix et le poids des mots…

Une fois encore, il fut choqué de constater qu'il ne se posait pas les bonnes questions. Et donc qu'il ne pouvait pas obtenir les bonnes réponses.

Il lui appartenait maintenant d'appréhender chaque situation sous les angles multiples qu'elle présentait. Comme cette discussion avec le vieil homme l'avait clairement mis en lumière.

Le voyageur commençait à comprendre le sens et l'importance que cette démarche revêtait.

Le vieil homme avait fait quelques pas en bordure du champ.

Il scrutait l'horizon d'un air grave, en s'appuyant sur l'outil avec lequel il avait cultivé la terre.

Puis il retourna vers le voyageur devenu taciturne. Et lui demanda aimablement de bien vouloir aller chercher sa canne posée non loin de là.

Lorsque le voyageur revint avec la canne, il la remit au vieil homme.

Ce dernier, en échange, lui tendit l'outil. Il dit :

« Il ne reste plus que cette parcelle à sarcler. Vous m'aideriez beaucoup en la finissant. J'ai une affaire à régler et je serai de retour dans un moment. Puis-je compter sur vous ? »

Sans réfléchir, le voyageur opina.

Puis le vieil homme s'éloigna, avec sa canne.

Maintenant seul face à lui-même, le voyageur commença à travailler la terre. Il reproduisait machinalement les gestes qu'il avait observés précédemment chez le vieil homme.

Son cerveau également au travail accompagnait les mouvements de l'outil. Sans grande conviction, le voyageur se sentait embourbé dans des sentiments contradictoires.

D'un côté, il devait bien admettre la justesse des propos tenus par le vieil homme. De l'autre, il sentait qu'il avait du mal à accepter d'avoir tort.

Pris dans un enchevêtrement de lucidité et de colère, les pensées et les images se bousculaient dans sa tête. Il n'arrivait pas à y voir clair.

Jusqu'à ce que, découragé, il s'arrête.

Plus tard, et en tout cas bien après ce que le voyageur avait imaginé, le vieil homme réapparut. Il tenait une gourde à la main.

Il la destinait au voyageur, mais s'approchant de ce dernier, il fut surpris de le voir assis, immobile. Seule une partie dérisoire de la parcelle de terre avait été travaillée.

« Tout va bien ? »

L'autre ne répondit pas.

Le vieil homme réitéra sa question. Puis exprima au voyageur sa surprise, et pour tout dire, sa déception quant au travail non réalisé :

« Peut-être vous ai-je trop demandé ? lança-t-il d'un ton légèrement empreint d'ironie.

— Je ne suis pas venu ici pour travailler ! éclata le voyageur, l'air fatigué et mécontent.

— Vous avez raison, mais tout dépend du type de travail dont nous parlons. Ne vouliez-vous pas travailler sur vous-même ?

— Si, mais ce n'est pas en travaillant la terre que je vais travailler sur moi !

— Croyez-vous vraiment que cela n'ait rien à voir ?

— J'ai beau chercher..., répondit le voyageur, incrédule.

— Laissez-moi vous aider. Le travail du corps est un excellent préliminaire au travail de l'esprit. L'un ne devrait jamais aller sans l'autre. Par ailleurs, le travail physique a comme vertu de ramener l'homme à sa juste dimension. À la réalité de la terre. C'est pourquoi je vous ai sollicité pour ce petit travail.

— Vu sous cet angle, je comprends mieux. »

Le vieil homme tendit la gourde au voyageur pour qu'il se désaltère. Puis il dit :

« Et rappelez-vous, je me suis engagé à vous rendre un service. Mais ce service, pour être rendu, suppose que vous acceptiez de me faire confiance. Et d'oublier certaines de vos croyances et de vos habitudes. Vous souvenez-vous ? »

En guise d'illustration, le vieil homme pointa sa canne vers l'horizon et s'adressa au voyageur :

« Regardez le soleil. Son rayonnement est puissant et s'impose pendant la journée. Mais le moment venu, il cède sa place et la lumière aux astres de la nuit. »

Le voyageur écoutait attentivement.

Le vieil homme poursuivit :

« Si vous savez éclipser votre ego et faire preuve d'humilité, vous découvrirez la joie de voir apparaître en vous de nouvelles ressources. Et d'accorder aux autres la juste place qui leur revient. C'est là le terreau de toute relation fertile. Vous me suivez ? »

Le voyageur lui répondit, d'un air penaud :

« Je crois que je commence à comprendre. Peut-être ai-je parfois été trop narcissique. »

Après un moment, le voyageur ajouta, presque en chuchotant :

« Peut-être ai-je aussi été trop dur avec mon épouse...

— Bravo ! Vous grandissez...

— Pourquoi, bravo ? Je ne pense pas avoir été très brillant jusque-là !

— Bravo, car c'est une nouvelle étape que vous franchissez en questionnant votre comportement plutôt que celui des autres.

— Je vous remercie pour votre patience avec moi. Je ne dois pas vous sembler un élève très facile.

— La facilité n'est pas la voie de *L'Équilibriste* ! » s'amusa le vieil homme.

Le voyageur pensa à son épouse, mais également à d'autres personnes de son entourage qui avaient vraisemblablement dû souffrir de son manque d'ouverture.

Il sortit le petit carnet qu'il avait pris soin d'emporter avec lui.

Après s'être concentré, il y consigna les notes suivantes :

CONNECTE-TOI !

Sois à l'écoute de tout ce qui t'arrive
et branche ton *décodeur interne*
pour te préparer à ce qui pourrait t'arriver.

Va au-devant de la critique.
Écoute-la, accepte-la, utilise-la.

Pour gagner, sache perdre au jeu de l'ego.

Le voyageur laissa le vieil homme à ses affaires, s'éloigna du champ et retourna à *l'Antichambre*.

Il s'exerça sur le fil.

La journée passa.

De retour à l'auberge, il trouva le vieil homme occupé à son bureau.

Ils discutèrent un moment.

Avant de se quitter, le vieil homme demanda au voyageur d'être prêt à l'aube, le lendemain.

Pour une excursion.

La montée

« Encore un effort, nous y sommes presque. »

Le vieil homme exhortait le voyageur à ne pas abandonner.

Essoufflé, le voyageur s'arrêta et regarda vers le bas.

Il fut rappelé à l'ordre par le vieil homme qui lui montra la cime avec la pointe de sa canne.

Le voyageur continua à monter cahin-caha. Puis le message qu'il avait décrypté plus tôt lui revint en tête.

« Regarder le vide entraîne vers la chute. »

Il retournait cette phrase dans sa tête.

Puis il déduisit que regarder vers le haut entraîne vers le sommet.

Il fut conforté dans son raisonnement par l'interpellation du vieil homme enfin parvenu au sommet :

« Tenez bon ! Rejoignez-moi, le panorama ici est magnifique », s'écria ce dernier.

Le voyageur s'étonnait de la vitalité que le vieil homme parvenait encore à déployer.

Quelle énergie pour gravir cette montagne, malgré son âge et sa canne !

C'est lui, plus jeune et sans canne, qui avait du mal à suivre.

Cependant, il se sentait comme aspiré par l'exemple de courage et de détermination que son aîné affichait.

Le vieil homme semblait braver chaque épreuve avec une étonnante décontraction.

Déconcertant !

Le voyageur s'accrocha. Après d'ultimes efforts, il arriva au sommet.

C'était splendide ! Il ne put s'empêcher de sauter en l'air, tel un enfant qui exprime sa joie.

Tout, vu d'ici, paraissait différent. Prenait une autre forme. Offrait d'autres perspectives.

Cette élévation apportait au voyageur une nouvelle vision d'ensemble.

Une altitude qui lui donnait le vertige et l'enivrait. Il aurait facilement pu se sentir le maître du monde... s'il n'avait pas eu en tête les mises en garde récentes du vieil homme.

Il sentit monter en lui une forte émotion de fierté et d'accomplissement. Il s'était dépassé !

Le voyageur se dirigea droit vers le vieil homme pour lui serrer la main. Il voulait ainsi lui témoigner sa profonde reconnaissance et sa satisfaction du moment.

Le vieil homme y fut sensible et lui proposa de s'asseoir à côté de lui. À même le sol.

Leurs regards convergèrent vers l'horizon et ils restèrent ainsi en silence pendant un long moment.

Pour la première fois, les deux hommes semblaient en parfaite communion.

Ils admiraient de concert l'extraordinaire beauté naturelle du paysage qui les entourait. Une beauté faite d'équilibre et d'harmonie.

Puis le voyageur pensa à voix haute :

« J'aimerais tellement que mon ami soit là.

— Pardon ? demanda le vieil homme, sa canne posée à ses côtés.

— J'ai un ami de longue date dont je me sens très proche. Il m'a appris récemment qu'il était atteint d'une grave maladie, dit le voyageur ému.

— Je suis désolé de l'apprendre. C'est noble de votre part de penser à lui en cet instant. »

Après un moment, ce dernier partagea :

« Vous savez, je pense souvent aux personnes qui me sont les plus proches, lorsque je viens ici. »

Le voyageur se tourna vers le vieil homme et l'observa intensément, le regard fixe. Il ressentait pour lui un profond respect et une sympathie grandissante.

« J'aimerais beaucoup que mon épouse, elle aussi, soit ici près de moi, maintenant, dit-il au vieil homme. Je pense qu'elle apprécierait également ce moment et ce lieu d'exception. Je m'aperçois à quel point l'effort en valait la peine. Merci à vous ! »

Le vieil homme répondit simplement :

« Je vous en prie. Je partage votre plaisir et je suis heureux de vous voir apprécier.

— J'ai vraiment de la chance d'être ici. Cet endroit a quelque chose de... magique.

— Et vous qui pensiez ne pas avoir de chance ! s'amusa le vieil homme sur un ton allègre.

— C'est vrai, vous avez raison, sourit le voyageur. Ce qui prouve bien que tout se passe dans la tête !

— Content de vous l'entendre dire ! En changeant nos croyances, nous changeons notre façon de voir ce qui nous arrive. La suite est un enchaînement...

— J'ai le sentiment de n'être qu'au début de la chaîne. Beaucoup de choses restent à changer dans ma façon de penser !

— Quelle différence sentez-vous entre le moment de votre arrivée à l'auberge et maintenant ?

— Quelques ampoules en plus ! répondit le voyageur sur le ton de la plaisanterie.

— Eh bien, je vois que vous commencez à vous détendre et que le sens de l'humour revient », conclut le vieil homme qui s'était mis à rire.

Le boulet

Peu de temps après, le voyageur se ferma subitement.

À la gaîté du moment avait succédé un coup de *spleen*. Sans qu'il puisse se l'expliquer tout de suite.

Une image de lui sans travail lui avait traversé l'esprit. Celle-ci lui fit l'effet d'une douche froide.

N'était-il pas, là, en train de perdre son temps ?

Tout de même, il n'avait plus de travail !

Sa raison lui dictait qu'il ne pouvait s'autoriser à faire autre chose que de se mettre en quête d'un nouvel emploi.

Et était-il vraiment opportun pour lui de faire de l'humour dans ces circonstances ?

Le vieil homme avait pris conscience du changement d'humeur soudain chez le voyageur.

Ce dernier décida de s'en ouvrir au vieil homme :

« Je me demande si ma place est bien ici à l'heure actuelle. D'un côté, je me sens bien en votre compagnie. Mais de l'autre, j'ai mauvaise conscience.

— C'est votre situation qui vous inquiète ?

— Oui, je m'inquiète pour mon avenir. Je viens de perdre mon travail et je suis là à contempler tranquillement le paysage ! expliqua le voyageur fébrile.

— Seriez-vous en train de culpabiliser doublement ?

— Comment cela doublement ?

— Travail perdu et, pour reprendre vos mots, contemplation tranquille du paysage, quand vous pensez que vous devriez être ailleurs. Cela ressemble bien, effectivement, à un sentiment de double culpabilité ! Je comprends que ce soit pesant !

— C'est bien ce que je ressens. Mais alors, comment se libérer de cette culpabilité ? »

Le vieil homme inspira profondément.

Il se leva puis expliqua :

« La culpabilité est un sujet complexe qui touche malheureusement beaucoup d'entre nous, quel que soit notre âge. Avec parfois des origines qui remontent à loin et des conséquences dévastatrices, pour notre entourage et pour nous.

— C'est bien vrai.

— En fait, la culpabilité agit comme un boulet, fixé au bout d'une chaîne attachée à notre cheville. Imaginez-vous un instant, tel un forçat, en train de progresser sur le fil avec un boulet au pied. Qu'arriverait-il selon vous ?

— Ah, je comprends, répondit le voyageur sensible à cette image. Difficile d'avancer évidemment, mais aussi, difficile de ne pas chuter. On pourrait même imaginer que le fil se rompe… »

Le voyageur pensa alors aux effets désastreux causés par la culpabilité dans son entourage.

Il ajouta :

« Et d'ailleurs, avec ce boulet au pied, je ne vois pas comment, ensuite, remonter sur le fil.

— C'est juste ! De plus, la culpabilité nous lie au passé et empêche ainsi de construire l'avenir. La seule solution pour s'en libérer, à votre avis ?

— Détacher le boulet, je suppose. C'est bien cela ?

— Je ne connais pas d'autres solutions, en effet.

— Mais c'est facile à dire, moins facile à faire ! répondit le voyageur, un peu perplexe.

— Je pouvais bien imaginer que vous me répondriez cela, répondit le vieil homme. Et c'est là que reposent le problème et toute la confusion autour de cette question. »

Le sujet était lourd et le vieil homme le savait parfaitement. Il s'expliqua :

« La culpabilité est une spirale perverse et sans fin. Elle s'auto-alimente et elle s'auto-justifie. Tant que l'on considère difficile, voire impossible, de s'en libérer, alors il est, de fait, difficile de s'en sortir. Quelles que soient, par ailleurs, les raisons, toutes meilleures les unes que les autres, que l'on invoque ! Il y a une chaîne à couper pour reprendre confiance et pour avancer.

— C'est si simple que cela ? demanda le voyageur, de plus en plus perplexe mais intéressé.

— En-dehors de quelques situations particulières, cela dépend, en quelque sorte, du rapport que chacun entretient avec son cerveau. Celui-ci s'imprègne, à la manière d'une éponge, des messages que nous lui transmettons.

— Alors, combien de temps faut-il pour couper la chaîne et se libérer du boulet ?

— Qu'en pensez-vous ?

— Je pense que cela dépend des individus, dit le voyageur, sans trop s'engager.

— Précisément. Cela dépend de la décision qu'ils prennent ou ne prennent pas de vouloir changer leur situation. Et de se libérer. Certains changent immédiatement. D'autres jamais. Là comme ailleurs, nos décisions façonnent notre destin.

— Je n'avais jamais imaginé que cela puisse être si simple !

— Simple n'est pas forcément le terme approprié, nuança le vieil homme. Notamment pour ceux qui ont des antécédents très handicapants. En effet, la charge d'énergie négative reçue est parfois telle qu'un réapprentissage du bonheur et de l'équilibre peut prendre du temps. C'est progressif, comme l'acquisition d'une nouvelle langue.

— Je comprends. Dans mon cas, devrais-je cesser de culpabiliser pour la perte de mon travail et le bonheur que je ressens en contemplant ce paysage ?

— La perte de votre travail, en tant que tel, est déjà une situation du passé. Et par définition, on ne peut pas changer le passé. Vous devez l'accepter, tout simplement. Vous êtes d'accord ?

— Oui, répondit le voyageur un peu mollement.

— Parallèlement, la contemplation du paysage, elle, fait partie de votre présent immédiat. Vous pouvez donc choisir d'en profiter. Ou de ne pas le faire. Toujours d'accord ?

— Euh, oui, toujours d'accord, confirma le voyageur qui essayait de suivre le raisonnement.

— Si vous faites le choix de ne pas en profiter, vous perdez alors le bénéfice de la joie et de l'équilibre que cette contemplation aurait pu vous procurer. Vous êtes donc perdant. Encore d'accord ?

— Oui, je le suis », confirma le voyageur.

L'insatisfaction

Le vieil homme s'arrêta un moment avant de poursuivre :

« Et selon vous, quel est le risque d'être perdant du présent ?

— Euh, de passer à côté d'opportunités ? C'est cela ?

— Oui, c'est cela. Mais pas uniquement. Le vrai problème, car il en est un, c'est qu'au moment où vous devriez être heureux en contemplant le paysage, vous faites, consciemment ou non, le choix de ne pas l'être. Avez-vous une idée de ce que cela peut engendrer à terme ?

— Finir par ne jamais être heureux ?

— Parfaitement. Cela s'appelle *l'insatisfaction permanente*. Ou encore la course perpétuelle après le bonheur. Alors que l'eldorado est en nous. Dans ce domaine, il est vain d'aller chercher trop loin... »

Le voyageur avait été hautement attentif à chacun des mots utilisés par le vieil homme, qui avaient une résonance toute particulière en lui.

Ce dernier s'en aperçut et continua :

— Cet état d'insatisfaction permanente empêche de se projeter dans l'avenir avec une chance d'être satisfait un jour, ce qui nuit à la motivation et à l'énergie que l'on peut développer.

Le voyageur se demandait jusqu'à quel point lui-même était concerné par l'insatisfaction permanente décrite par le vieil homme.

Il réalisa que ce qu'il avait estimé être du bonheur pendant toutes ces années n'en avait finalement peut-être que l'apparence.

Il se rappela notamment ce jour où il venait de prendre livraison de sa nouvelle voiture flambant neuve, dont il était très fier. Il était heureux d'avoir enfin la voiture de ses rêves et il l'affichait.

Toutefois, il avait suffi qu'il croise, un peu plus tard sur le parking, son voisin sortant d'un modèle tout aussi neuf, mais plus haut de gamme que le sien, pour qu'en un instant son bonheur se transforme en frustration et en souffrance.

Ce souvenir maintenant lointain était pourtant tout frais dans sa mémoire. Comme s'il était encore sur ce parking, revivant les sensations déplaisantes qui l'accompagnaient !

D'autres situations similaires, dans des domaines divers, s'étaient produites au cours de sa vie.

Autant d'exemples d'insatisfactions qui, ajoutées les unes aux autres, finissaient par produire ce que le vieil homme appelait *l'insatisfaction permanente* !

Il était temps qu'il en prenne acte. Et qu'il change.

La projection

Le soleil était désormais au zénith et projetait ses rayons sur les éléments naturels qui semblaient revêtir une dimension nouvelle.

Le paysage avait changé d'aspect et l'horizon était à présent totalement dégagé.

Le vieil homme à la canne proposa au voyageur de pique-niquer avant de redescendre.

Ils se restaurèrent avec les sandwichs préparés le matin même par le vieil homme. La nourriture paraissait encore meilleure après tous ces efforts !

Une fois le repas terminé, le vieil homme s'adressa au voyageur :

« Je peux voir à votre expression que notre discussion de tout à l'heure semble vous avoir inspiré.

— Vous voyez juste.

— Avez-vous une idée de ce que vous aimeriez devenir dans l'avenir ?

— Je crois que c'est encore un peu tôt. Je viens de perdre mon emploi. Je crois que je m'en sortirai déjà pas mal si je parviens à dénicher un travail. N'importe lequel, pourvu que j'en aie un.

— Le travail est ce à quoi vous aspirez ?

— Il faut bien travailler pour gagner sa vie. Je suis réaliste !

— Mais le travail est-il pour vous une fin ou un moyen ?

— Vous savez, dit le voyageur, j'ai des factures à payer, des crédits à rembourser et une famille à nourrir. Il faut bien assumer et on ne peut tout de même pas demander la lune. Avoir un travail, ce serait déjà *pas mal*.

— Et qu'est-ce qui serait *bien* ?

— Je viens de vous le dire ! Avoir un travail.

— Je crois que je me suis peut-être mal exprimé, dit le vieil homme. Quelle est votre aspiration réelle ? Je veux dire, dans la vie.

— Je ne me suis jamais vraiment posé cette question. J'ai besoin de gagner ma vie. Point. Le reste est un luxe.

— C'est un peu ce que je craignais.

— Pardon ?

— Ne pensez-vous pas que vous créez vous-même vos propres limites ? continua le vieil homme.

— Pourquoi cela ? s'indigna le voyageur, un peu vexé.

— Parce que vous aspirez par défaut. Autrement dit, en vous basant uniquement sur vos contraintes matérielles et vos obligations.

— Il faut bien être réaliste, s'offusqua le voyageur. Les factures ne se paient pas toutes seules !

— Ce n'est pas moi qui vous dirais le contraire. J'en sais quelque chose avec la gestion de l'auberge ! Mais en ne pensant que sous l'angle du réalisme, vous pourriez passer votre vie à ne remplir que des obligations...

— C'est bien ce que la vie nous impose, non ? Vous devez bien le savoir ?

— Ce que je sais, c'est qu'au-delà de nos obligations, nous avons tous besoin de rêver pour progresser. Voilà notre vrai besoin ! Et notre seule véritable obligation, c'est d'agir pour transformer nos rêves en réalité.

— Excusez-moi, mais c'est tout de même très idéaliste comme conception, non ? ironisa le voyageur.

— Oui, bien sûr que c'est idéaliste ! sourit le vieil homme. Et heureusement !

— Comment ça, heureusement ?

— Sans idéal, pas d'équilibre ! En effet, comment pourrait-on traverser le fil d'un bout à l'autre si l'on n'aspire pas, de toutes ses forces, au bonheur que peut procurer cette traversée. Qu'en pensez-vous ?

— Ce que j'en pense ? En fait, je crois que je ne me suis jamais autorisé à me poser la question de ce à quoi j'aspirais vraiment.

— Et si vous vous la posiez à présent, cette question ?

— Eh bien soit ! Imaginons que je connaisse mes aspirations et que je rêve de les atteindre. Encore faudrait-il que j'aie les capacités de les réaliser ! Et je suis plutôt du genre à garder la tête sur les épaules.

— Je vous comprends, elle est sans doute mieux sur vos épaules qu'ailleurs ! » dit le vieil homme en s'amusant quelque peu, s'efforçant de détendre son interlocuteur un tantinet crispé.

Puis, redevenant sérieux, il ajouta :

— J'aimerais vous poser une question : pensez-vous devoir raisonner en fonction de vos capacités actuelles pour définir vos ambitions ? Ou plutôt en fonction de vos ambitions, donc de vos rêves, pour y adapter vos capacités ?

— ... »

Le voyageur resta muet. Aucune réponse ne parvenait à sortir.

Après un temps, le vieil homme continua :

« Je sais qu'il n'est pas si courant de se poser ces questions de la sorte. C'est pourtant plus sain, et c'est une stratégie plus sûre pour atteindre nos buts, vous ne pensez pas ?

— Encore faut-il avoir des buts ! Mais j'en conviens...

— Et à présent ? Si vous vous autorisiez à rêver votre avenir, savez-vous à quoi il pourrait ressembler ?

— Je dois réfléchir... », finit le voyageur, comme sonné.

À ces mots, il sentit le besoin de s'éloigner pour se recentrer.

Il fit quelques pas. Le regard tantôt fixé sur le sol, tantôt scrutant l'horizon.

Il n'avait jamais eu ce genre d'échange avec qui que ce soit jusque-là dans sa vie.

Il s'étonna que cette analyse de la psychologie humaine et de sa propre existence lui vînt d'une personne qui, encore peu de temps avant, lui était totalement inconnue.

C'était une leçon pour lui. Une leçon qu'il n'oublierait pas.

Était-il en train de découvrir un secret de l'équilibre ?

Il eut ensuite une vision de son père lui enseignant la maxime suivante lorsqu'il était encore enfant :

> *« Il te faudra autant d'énergie pour rêver grand que pour rêver petit. Forme de grands rêves si tu veux obtenir de grandes réussites ! »*

Qu'avait-il fait de ces mots de sagesse ?

Il sentit les larmes lui monter aux yeux.

Le voyageur avait pris conscience qu'il n'avait pas su mettre à profit cette recommandation éclairée de son père.

Quel gâchis ! se dit-il. *Que de temps perdu !*

Le vieil homme, l'observant ainsi, lui posa une main amicale sur l'épaule pour le réconforter.

Il lui dit simplement, d'une voix douce et encourageante :

« Vous êtes tout proche... »

Le voyageur fut très touché des propos réconfortants du vieil homme.

Comme si ce dernier avait su lire dans ses pensées...

Sans se l'expliquer, il sentit qu'une force nouvelle l'animait.

La force de rêver sa vie ?

Il se voyait déjà en train de traverser le fil. D'un bout à l'autre. Et heureux du plaisir que cela lui procurerait.

Le soleil commençait à décliner.

Les deux hommes passèrent encore un moment au sommet, avant de redescendre en direction de l'auberge.

Sur le chemin du retour, le voyageur resta plongé dans ses pensées. Il passait minutieusement en revue les principes de l'équilibre qu'il avait appris au cours de cette longue journée. Et ils étaient essentiels.

Arrivé à l'auberge et sans attendre le dîner, il inscrivit ces quelques notes sur son petit carnet :

PROJETTE-TOI DANS L'AVENIR !

Pour rebondir, prends de la hauteur,
change de perspective et relativise tout.

Libère-toi de tes boulets
et apprends à vivre satisfait.

Forme de grands rêves
pour obtenir de grands résultats.

2. CRÉER L'ÉQUILIBRE

Comment rester sur le fil en évitant la chute

Retour à *l'Antichambre*

Une nuit de plus. Et un sommeil de plomb.

Comme la veille, le voyageur s'était levé très tôt.

Mais cette fois, il avait volontairement choisi d'écourter son petit déjeuner.

Il n'avait en tête que l'image de sa traversée du fil. Comme une obsession.

Ce matin-là, le ciel était très dégagé et l'air frais le tonifiait.

Il marcha d'un pas rapide et ne tarda pas à rejoindre *l'Antichambre*.

En peu de temps, il avait déjà effectué plusieurs tentatives. En vain.

Il persévérait toutefois avec une détermination nouvelle et ne s'avouait pas vaincu.

L'article de journal ne quittait plus l'esprit du voyageur.

La veille au soir, c'était par hasard qu'il était tombé sur cette coupure de presse dans la bibliothèque personnelle du vieil homme.

Ce dernier, sur la requête du voyageur qui voulait se changer les idées, l'avait invité à choisir un livre dans sa collection. Et quelle collection ! Un véritable joyau de culture et d'éclectisme littéraires.

Le voyageur ne savait pourquoi, mais quelque chose en lui avait été piqué au vif à la lecture de cet article. Cependant, il ne s'en était pas aperçu tout de suite, abasourdi par cette incroyable découverte sur le passé du vieil homme.

Dernières nouvelles

« Yes, oui canne ! »

C'est en tout cas la formule qu'un jeune équilibriste amateur, non connu du grand public, pourrait faire sienne.

Il a en effet réussi, hier, une traversée sur le fil, considérée par les spécialistes comme techniquement très difficile.

Rares sont ceux qui peuvent aujourd'hui se prévaloir d'avoir réussi une telle prouesse.

Mais ce qui doit attirer notre attention réside notamment dans la singularité du personnage ayant réalisé cet exploit.

Car notre jeune équilibriste est pour le moins singulier !

En effet, malgré le naturel peu loquace du jeune homme, nous avons appris que celui-ci revient de loin. De très loin même et rien ne laissait présager qu'il avait les capacités d'accomplir un jour une performance de cette nature.

Nous savons qu'il a été victime, dans sa jeune enfance, d'une maladie diagnostiquée à l'époque comme invalidante et qu'il n'aurait jamais dû remarcher.

Selon ses proches, il semblerait que l'adversité ait été une motivation majeure dans son développement et sa détermination à s'en sortir. Aujourd'hui, il remarche, évolue en équilibre dans les airs et est devenu L'Équilibriste hors pair qui vient de se révéler au grand public.

Ceci est le fruit d'une pratique quotidienne et assidue de l'équilibre qui lui a permis de développer une exceptionnelle condition, tant physique que mentale.

Notons également qu'à l'image de l'auréole coiffant le célèbre personnage de série télévisée, le signe distinctif de ce jeune équilibriste est sa canne. Un symbole ? Cette canne, telle une perche de survie qui lui vient de son grand-père, semble lui rappeler d'où il vient et les épreuves qu'il a dû surmonter.

Un exemple de courage dont chacun de nous, petits et grands, pourrait s'inspirer avantageusement.

Alors, laissons-nous guider par cet exemple à méditer qui nous prouve, une fois de plus, combien l'être humain possède en lui d'infinies ressources. Et à quel point aussi l'adversité se matérialise d'abord dans nos têtes !

À bon entendeur...

À la lecture de cet article, il avait alors pris toute la mesure de la chance unique qui lui était offerte d'avoir rencontré un tel personnage.

Le vieil homme à la canne était en effet l'incarnation même de la force intérieure et de l'équilibre.

Le voyageur, lui, à ce moment de sa vie, semblait au contraire incarner la fragilité et le déséquilibre.

La référence, dans l'article de journal, à l'*« exceptionnelle condition tant physique que mentale »* de L'Équilibriste, lui revint en mémoire.

Elle lui envoyait un message puissant sur sa propre condition qu'il avait totalement négligée. Il s'en rendait compte maintenant.

Ses habitudes alimentaires peu équilibrées, son sommeil souvent chaotique et son manque d'activité physique, depuis bien trop longtemps, avaient contribué à l'affaiblir, aspirant peu à peu sa vitalité.

Il était grand temps de réagir !

Et cela devait commencer tout de suite.

Sur-le-champ !

Il devait changer, c'était vital et d'ailleurs, il ne le savait que trop bien. Il avait trop *tiré sur la corde*.

Il transformerait cette situation pathétique, en commençant par renforcer son corps pour raffermir son esprit. Cela devenait un défi personnel. Presque une question d'honneur !

La gravité n'aurait pas raison de lui plus longtemps, il s'en fit la promesse.

Passé et présent

Revigoré, il saisit une nouvelle fois l'échelle de corde, se hissa et monta sur le fil.

À cet instant, plus rien d'autre n'avait d'importance.

Sa priorité était désormais claire : traverser coûte que coûte !

C'est à ce moment-là qu'apparut au loin le vieil homme à la canne.

Sur le fil, en l'entendant arriver, le voyageur détourna subitement le regard. Il perdit alors l'équilibre et se retrouva au sol.

Il était très mal tombé.

Dans une réaction immédiate et un accès de colère et de frustration, son premier réflexe fut de frapper du pied le tronc de l'arbre le plus proche en se relevant. Comme pour relâcher ses nerfs.

Il jura :

« Mais bon sang de bon sang !

— Vous étiez pourtant bien près du but, lui dit le vieil homme qui l'avait rejoint entre-temps. Pas de mal ?

— Non, pas de mal. Mais si près du but, en effet ! acquiesça le voyageur, lucide et déçu.

— C'est néanmoins une bonne chose pour vous.

— Ah, vous pensez ! Je vous trouve bien positif !

— Oui, cela vous montre comment une distraction, même minime, peut vous éloigner de votre objectif. Et vous conduire à la chute. Mais je vous observais de loin et franchement, vous progressiez bien.

— D'accord, mais je suis quand même tombé ! Et c'est tout ce qui importe », dit le voyageur, qui semblait prendre l'affaire très au sérieux.

Le vieil homme prit du recul.

Il fut quelque peu surpris de la réaction du voyageur à l'égard de sa propre chute. Réaction qui faisait preuve de combativité, mais qu'il trouvait étrangement plutôt excessive. Cela cachait-il quelque chose ?

« Votre chute vous affecte-t-elle à ce point ?

— Et comment ! Je me demande si un jour, je serai enfin capable de bien faire les choses de bout en bout.

— En doutez-vous ? interrogea le vieil homme qui sentait, en *fil*igrane, que le problème était plus profond que la chute en elle-même.

— Évidemment que j'en doute ! On m'a fait comprendre plus d'une fois, en l'occurrence depuis mon plus jeune âge, que j'étais un incapable. Cela ne s'oublie pas !

— Attention. Construire votre avenir à partir de ce que vous avez entendu dire par le passé et qui a créé chez vous un sentiment de dévalorisation, voilà qui pose un gros problème.

— Vous pouvez préciser ?

— Je vais tenter de vous l'expliquer. Avez-vous encore en tête l'image du boulet ?

— Le boulet de la culpabilité, vous voulez dire ? Oh oui, je l'ai bien à l'esprit ! répondit le voyageur en soupirant.

— Eh bien, voilà un autre boulet, et de première catégorie : la dévalorisation ! Lorsque vous traînez cet autre boulet qui vous attache au passé, alors que vous préféreriez peut-être vous en libérer, vous n'avancez plus dans le présent.

— Ah, je comprends ! Décidément, on traîne tout le temps son passé avec soi ! C'est ce que vous voulez dire ?

— Oui, d'une certaine manière. Mais on ne devrait pas *traîner* notre passé. Si c'est le cas, alors il faut tout faire pour couper la chaîne qui nous lie au boulet. C'est parfois très dur. Mais c'est vital ! »

Le vieil homme poursuivit sur un ton solennel :

« Vous allez peut-être me trouver simplificateur, mais le passé est passé. Ce qui a été dit a été dit. Et ce qui a été fait a été fait. Vous ne pouvez plus rien y changer.

— En effet, c'est une évidence !

— Je suis heureux de vous l'entendre dire ! Sachant cela, concentrez votre énergie non pas sur ce que vous ne pouvez *plus* changer, mais sur ce que vous pouvez *encore* changer. C'est-à-dire à partir de maintenant.

— Tout paraît si simple quand je vous écoute.

— Parce que cela l'est plus souvent qu'on ne le pense, répondit le vieil homme avec philosophie.

— Et comment mettre cette sagesse à profit ?

— En vous concentrant totalement sur le présent. Totalement ! Tout ce que vous avez pu entendre par le passé n'a rien à voir avec votre capacité à traverser, maintenant, ce fil de bout en bout ! » dit le vieil homme avec insistance.

Ce dernier avait pris un air grave, et comme pour amplifier la portée de ses propos, il martela une nouvelle fois :

« Tout ce que vous avez pu entendre par le passé n'a rien à voir avec votre capacité à traverser, maintenant, ce fil de bout en bout ! »

Le voyageur sembla répéter à son tour cette phrase dans sa tête. Il se dirigea, ensuite, vers le fil. Une nouvelle fois.

L'objectif

« Un instant ! dit le vieil homme.

— Pardon ?

— Quel est votre objectif à présent ?

— Arriver à l'autre bout du fil.

— Qu'avez-vous appris de votre chute de tout à l'heure ?

— Que je n'aurais pas dû me laisser distraire.

— Et selon vous, pourquoi vous êtes-vous laissé distraire ?

— Probablement parce que je n'étais pas suffisamment concentré. C'est ce que vous voulez me faire dire, n'est-ce pas ?

— Ha, ha ! rit le vieil homme de bon cœur. Quelle sagacité ! Et sur quoi n'étiez-vous pas suffisamment concentré ?

— Sur le fil ?

— Plus précisément ?

— Je n'étais peut-être pas assez concentré sur l'autre extrémité du fil.

— Je crois plutôt que vous n'étiez pas assez concentré sur votre *manière* d'avancer sur ce fil. Quel est votre objectif ? répéta le vieil homme, cette fois de façon plus marquée.

— Je vous l'ai dit, mon objectif est d'arriver à l'autre bout du fil !

— Mais vous constatez cependant que cela ne vous a pas empêché de chuter, n'est-ce pas ?

— Oui, et alors ?

— Alors, pour atteindre votre objectif final, donc rejoindre l'autre bout du fil, vous devez rester concentré sur chacun de vos objectifs intermédiaires. C'est-à-dire sur chacun de vos pas ! Chaque pas est en lui-même un objectif.

— J'ai compris ! s'exclama avec entrain le voyageur qui s'appropria le raisonnement et le poursuivit. Si je ne m'étais pas uniquement focalisé sur l'autre bout du fil, je me serais davantage concentré sur chaque pas.

— Et donc ?

— Et donc, je ne me serais sûrement pas laissé distraire par votre arrivée...

— Poursuivez ! invita le vieil homme qui savourait la progression de son cadet.

— ... Et je serais vraisemblablement encore sur le fil !

— Bravo ! Et cette concentration sur chaque pas, donc sur chaque objectif, est d'autant plus importante lorsque vous vous sentez sous pression. Chaque pas est une étape qui vous fait avancer et renforce votre confiance. Conclusion ?

— Que pour réussir, je dois concentrer mon énergie et mon attention sur l'essentiel. C'est-à-dire le pas du moment.

— En effet. Un pas s'ajoute à l'autre et c'est leur somme qui finit par faire une traversée. Chaque pas est la priorité du moment. Sans lui, vous n'avancez plus. Pire, vous risquez de chuter et de remettre en cause tous les pas précédents.

— Sans doute. Je crois qu'il est temps que j'apprenne à ne plus me disperser et à me concentrer sur l'essentiel.

— Consciemment ou non, nous privilégions souvent l'accessoire par rapport à l'essentiel. C'est un tort. On gagne souvent à en faire moins mais à le faire mieux..., expliqua le vieil homme. Autrement dit, pour trouver l'équilibre et être efficient : *moins, c'est plus !* »

Sur ces mots, ils se séparèrent.

Le vieil homme devait rendre visite à un ami qui habitait à proximité.

Le voyageur, lui, remonta sur le fil.

Il s'exerça...

La cicatrice

Plus tard, le vieil homme fut de retour à *l'Antichambre*.

Il y retrouva le voyageur qui, après de nombreuses traversées du fil, semblait se muer peu à peu en *Équilibriste*.

Ils reprirent leurs échanges :

« Vous avez bien pratiqué ?

— Je crois que je commence à avoir le *feel*ing pour le fil ! s'amusa le voyageur.

— Je suis ravi de l'entendre. L'équilibre est contagieux !

— On dirait bien. »

Le vieil homme changea soudain d'expression.

D'un côté, il se réjouissait de l'enthousiasme et de la joie du moment exprimés par le voyageur.

De l'autre, il sentait qu'il se devait d'aborder un point jusqu'à présent laissé de côté. Chaque détail avait son importance. Il savait que sur le fil comme dans la vie, rien n'est anodin !

Au risque de paraître rabat-joie aux yeux du voyageur, il lui dit :

« J'aimerais à présent attirer votre attention sur un point.

— Lequel ?

— N'avons-nous pas déjà parlé ensemble de l'importance de contrôler ses émotions ?

— Euh oui, mais je ne vois pas pourquoi vous me le rappelez maintenant ?

— Vous souvenez-vous de votre première réaction après votre chute un peu plus tôt, lorsque mon arrivée vous a distrait ?

— Non, je me souviens juste d'être tombé.

— Et après être tombé ?

— Je ne sais plus, j'étais en colère.

— Précisément. Et ensuite ? insista le vieil homme.

— Ensuite nous avons discuté, continua le voyageur.

— Vous ne vous souvenez de rien d'autre ?

— Non. Je devrais ? questionna le voyageur, dubitatif.

— Sûrement. Regardez. »

À l'aide de sa canne, le vieil homme pointa l'empreinte que le coup de pied porté par le voyageur avait laissée sur l'arbre. L'écorce avait été sévèrement endommagée.

Le vieil homme poursuivit :

— Qu'en pensez-vous ?

— N'auriez-vous pas réagi de la même façon à ma place ? demanda le voyageur sur un ton défensif.

— Je ne peux pas l'exclure. Mais l'expérience nous apprend que rien n'est sans conséquences et que nous devons, en permanence, nous efforcer d'être attentifs à nos réactions.

— Nous ne sommes tout de même pas des machines !

— C'est justement parce que nous ne sommes pas des machines que nous avons la capacité d'être sensibles à ce type de *nuances*. Vous ne pensez pas ?

— Je ne l'ai tout de même pas fait méchamment ! dit le voyageur qui cherchait à se justifier.

— Bien sûr. Et mon but n'est évidemment pas de vous culpabiliser, dit le vieil homme d'un air entendu. En fait, l'équilibre est tout en nuances. Nous devons donc comprendre les effets qu'un manque de contrôle de soi peut entraîner. »

Le vieil homme observa le voyageur. Après un temps, il poursuivit :

« Cette empreinte est bien là et qu'elle cicatrise ou non, elle laissera une marque. Nous commettons tous ce genre d'erreurs. Assurons-nous simplement d'éviter de produire des cicatrices. Ceci vaut pour l'arbre comme pour le reste… »

Affecté et un peu vexé, le voyageur ne savait quoi répondre.

Il repensa immédiatement à cette parole maladroite qu'il avait un jour prononcée sous la colère, lors d'une fête d'anniversaire de sa fille. Un mot de trop !

Sur le moment, il s'était senti soulagé, déchargé de son énergie négative.

Comme avec l'arbre.

Sa fille, elle, en avait ressenti une profonde peine. Et pas seulement *sur le moment* ! Bien au-delà de ce que lui aurait pu imaginer. En fait, quelque chose en elle s'était refermé, peut-être cassé. Un seul mot semblait avoir tout changé.

Comme une cicatrice.

D'ailleurs, encore récemment, elle y avait fait allusion lors d'un repas de famille qui, de fait, dégénéra rapidement.

Pourquoi cette image lui revenait-elle en tête à cet instant ?

Mais c'était évident !

Le voyageur comprenait à présent pourquoi son dérapage passé avec sa fille et le déséquilibre ainsi engendré continuaient de produire des effets pervers. Jusqu'à aujourd'hui… Il en fut tout retourné.

Le vieil homme avait pris la mesure du désarroi soudain du voyageur.

Puis, après un long moment de silence, il reprit la parole :

« Vous savez, le mécanisme négatif qui conduit aux cicatrices a son équivalent positif.

— Comment cela ? demanda le voyageur, qui n'était pas sûr de comprendre.

— Réfléchissez. Si la marque que vous imprimez à travers vos actions est au contraire positive, alors vous produirez des résultats positifs. Vous contribuerez ainsi à l'équilibre... »

Il n'en fallut pas plus au voyageur pour réagir. C'étaient exactement les mots qu'il avait besoin d'entendre à ce moment-là.

Il demanda au vieil homme de l'excuser un moment. Il s'éloigna et s'assit délicatement sur la souche d'un arbre.

Puis il sortit son carnet et d'une traite, rédigea le brouillon de la lettre qu'il avait décidé d'envoyer le soir même à sa fille :

Ma chérie,

Tout d'abord, j'espère que tu vas bien.

J'ai beaucoup pensé à toi aujourd'hui et m'est revenu en mémoire ce mot totalement déplacé que j'avais prononcé le jour de ta fête d'anniversaire, il y a bien longtemps. Mais c'est comme si c'était hier !

Je m'aperçois maintenant combien tu as dû souffrir de cette profonde maladresse de ma part. Comment ai-je pu être aussi idiot, aussi indélicat ?

Je comprends pourquoi tu es revenue récemment sur ce mot malheureux qui à présent résonne dans ma tête de manière lancinante. Excuse-moi, si tu le veux bien, pour le mal que j'ai pu te causer.

Du fond du cœur, j'espère que tu accepteras de me pardonner. Encore une fois, c'était totalement déplacé de ma part et d'ailleurs, je ne pensais absolument pas ce que j'ai dit. J'ai réagi sous le coup de la colère et c'était vraiment inapproprié.

J'aimerais te revoir rapidement afin que nous puissions passer du temps ensemble. Nous avons tant à partager.

Sache que tu es et seras toujours ma fille chérie. Je t'embrasse et te dis à très bientôt. J'attends de tes nouvelles avec impatience.

Ton papa qui t'aime.

Le voyageur trépignait d'allégresse. Cette lettre lui faisait du bien. Beaucoup de bien.

Tout d'un coup, il se sentit léger. Il pouvait maintenant penser à sa fille sous un autre jour : non plus en connexion avec le propos déplacé et la charge négative qu'il véhiculait, mais désormais en se projetant dans l'avenir avec la joie prochaine de la revoir.

La charge était devenue positive et il venait de couper la chaîne d'un autre boulet...

Le voyageur revint vers le vieil homme et décida de s'ouvrir à ce dernier en lui montrant la lettre à sa fille.

Le vieil homme fut manifestement très ému, tant par ce partage d'une lettre si personnelle que par la réaction remarquable du voyageur, en si peu de temps.

Il mesurait combien ce développement portait en lui les germes du succès à venir du voyageur. Une telle réceptivité de la part de ce dernier était prometteuse. Le vieil homme se fit la réflexion que le terreau était fertile...

Après un temps, il dit :

« Vous venez, à travers votre décision et votre action à l'égard de votre fille, de démontrer le lien permanent, direct et subtil qui existe entre équilibre et déséquilibre.

— Merci, répondit le voyageur, je n'en avais pas conscience.

— Ce lien mérite qu'on s'y arrête un instant. Regardez... »

Le vieil homme sortit de sa poche son propre carnet. Le voyageur fut très surpris, et rasséréné à la fois, de découvrir que son aîné, lui aussi, consignait des notes par écrit.

Le vieil homme lui montra les équations suivantes qui figuraient parmi ses notes :

Équilibre bien géré	=	équilibre
Équilibre mal géré	=	déséquilibre
Déséquilibre bien géré	=	équilibre
Déséquilibre mal géré	=	déséquilibre

« Je dois avouer que je n'avais jamais pensé à l'équilibre de cette façon...

— L'équilibre est un sujet passionnant. Ces équations doivent à la fois nous rassurer et nous inciter à la vigilance. Nous rassurer car le déséquilibre n'est pas une fatalité. Nous inciter à la vigilance, car l'équilibre n'est jamais acquis.

— Pourtant, quand je vous observe, l'équilibre vous semble bel et bien acquis ! s'exclama le voyageur.

— Vous savez, il ne l'est ni pour moi ni pour personne. Car contrairement à ce que beaucoup pensent, l'équilibre est tout sauf statique. Il peut être remis en question à tout moment et se construit dans le mouvement, dans l'adaptation permanente.

— C'est-à-dire ? interrogea le voyageur qui voulait comprendre.

— C'est quand on ne bouge plus, autrement dit quand on se fige, pensant que tout est établi, que l'on risque le plus de chuter et de basculer dans le déséquilibre.

— Vous voulez dire comme cela s'est passé pour mon travail ? demanda le voyageur qui ne put s'empêcher de faire le rapprochement.

— Je n'y pensais pas spécialement, mais votre situation professionnelle n'est pas différente du reste. Tout l'univers est en mouvement permanent et rien ne déroge à cette règle. D'où la nécessité du mouvement, et de l'adaptation permanente.

— L'une des équations dans votre carnet indique qu'un équilibre mal géré entraîne un déséquilibre. Comment l'interpréter ?

— Il existe plusieurs façons de l'interpréter. Imaginez, par exemple, que vous observiez, chez une personne, un comportement que vous considérez comme un exemple d'équilibre. Et que cet exemple vous renvoie dans le même temps à vos propres insuffisances.

— Oui ?

— Eh bien, si au lieu de vous inspirer de cet équilibre pour le reproduire, ce qui serait une *première option*, vous décidez au contraire d'y réagir par opposition, ce qui est donc une *deuxième option*, alors vous risquez fort de basculer dans le déséquilibre.

— Tout paraît si simple quand je vous écoute..., dit le voyageur, qui allait d'apprentissage en apprentissage.

— Ces principes sont aussi simples ou aussi complexes que nous voulons bien les rendre », conclut le vieil homme, sur le ton énigmatique auquel le voyageur s'était désormais habitué.

Mort… et vie

« Ton père décédé – stp, rappelle-moi d'urgence à la maison ».

Assis près de la fontaine, au milieu du jardin de l'auberge, le voyageur restait là, sans un mouvement. Terrassé.

Il relisait, pour la énième fois, le message de son épouse que la réception de l'auberge lui avait transmis quelques instants auparavant.

La disparition subite de son père l'accablait et il sentit l'émotion le submerger. Il éclata en sanglots.

La dernière fois qu'il l'avait vu, une querelle ancienne avait ressurgi entre eux et ils s'étaient quittés sans la dissiper, restant en froid. À cette pensée, il continua de pleurer et prit sa tête entre ses mains.

Mais pourquoi avait-il attendu jusqu'à maintenant pour prendre conscience, comme avec sa fille, qu'il n'est jamais trop tôt pour se réconcilier avec les autres ? Et surtout lorsqu'il s'agit de ceux que l'on aime et qui comptent le plus !

En même temps, il aurait pu ne jamais en prendre conscience.

Finalement, et malgré toutes les apparences négatives initiales, son licenciement, vu sous cet angle, s'avérait presque bénéfique ! C'était tout de même inouï !!! Rien ne lui aurait permis de voir les choses ainsi à peine quelques heures avant...

De toute évidence, un déclic s'était produit.

Malgré cet entremêlement d'émotions, il fut surpris de la manière dont il venait d'apprendre le décès de son père, sur un morceau de papier. Elle ne lui paraissait pas des plus appropriées.

Il n'en voulut cependant pas à son épouse qui avait eu la gentillesse de le prévenir. Elle avait sans doute procédé de la sorte dans l'urgence et l'émotion. Toutefois, il lui en ferait l'observation avec bienveillance lorsque le moment s'y prêterait.

Le voyageur rappela son épouse. Elle lui précisa que son frère aîné avait pris contact et que les obsèques auraient lieu rapidement. Mais ce n'était pas tout. Elle lui annonça également que sa sœur, elle aussi, venait juste d'appeler, quelques instants auparavant. Après plusieurs tentatives infructueuses, elle pouvait enfin annoncer qu'elle avait accouché de son premier enfant.

Ces deux nouvelles majeures, qui s'entrechoquaient, le laissèrent totalement déstabilisé. Les yeux dans le vide même s'il était au téléphone avec son épouse, il se sentait seul face à ses émotions partagées.

Ils convinrent qu'il prendrait le premier train pour rejoindre la maison. Il ne se sentait pas en état de conduire.

Ainsi, il pourrait assister à la cérémonie funèbre. Et être présent dans le même temps pour accueillir le nouveau-né.

Ils raccrochèrent.

Le voyageur fit des allers-retours dans le jardin, les yeux rivés sur le sol.

Comment pouvait-on être à la fois triste et heureux ? C'était à cette question ambiguë que cette nouvelle situation le confrontait.

Triste, il l'était. C'était une évidence. Son père avait disparu. Et il l'aimait.

Heureux, il l'était aussi. En tout cas, cela aurait dû être une évidence. Le bonheur de sa sœur comptait pour lui.

Alors pourquoi d'un côté, la nouvelle de la naissance semblait-elle, de façon pernicieuse, atténuer l'intensité de son chagrin ?

Et pourquoi, d'un autre côté, le décès de son père semblait-il, de façon tout aussi pernicieuse, atténuer l'intensité de sa joie pour sa sœur ?

Pour peu, il aurait eu le sentiment qu'on lui volait tant sa tristesse que sa joie. Ce dilemme intérieur le mettait très mal à l'aise et en finale, il culpabilisait.

Le voyageur se posa la question de savoir pourquoi la vie nous place devant de telles situations ambivalentes. Comment, à ce moment précis, faire la part des choses ? Sans culpabiliser.

Il ne s'en sentait pas capable, pas plus qu'il ne se sentait capable de réfléchir de façon rationnelle, dominé qu'il était par ses sentiments opposés et quelque peu réprimés, dont il se méfiait.

Quelques instants plus tard, le vieil homme qui avait été avisé de la nouvelle du décès par la réception vint le retrouver. Ce dernier présenta au voyageur ses chaleureuses condoléances et l'assura de son soutien dans cette épreuve.

Ils échangèrent brièvement quelques mots, par lesquels le voyageur l'informa de la naissance du bébé. Cherchant des réponses, il lui fit également part de la culpabilité qu'il ressentait et du dilemme auquel il faisait face.

Le vieil homme le réconforta :

« Acceptez ce que vous ressentez, tout simplement. Tout n'est pas rationnel et tout ne mérite pas d'être interprété.

— Oui, mais je ne sais pas si je suis assez triste ou assez heureux. C'est tout de même pénible !

— Que vos émotions s'entremêlent est plutôt normal dans cette situation, puisque vous expérimentez, dans le même temps, un décès et une naissance. Donc, deux événements pour ainsi dire antinomiques. En fonction de leurs croyances, certains interpréteraient cette conjonction comme un mauvais présage. D'autres y verraient au contraire un signe positif. Mort et vie...

— Alors, comment se libérer de cette culpabilité ? demanda le voyageur.

— Simplement en accompagnant, avec l'attitude que vous jugerez adaptée, votre père dans la dignité et votre sœur dans sa joie d'être maman. Vous aurez ainsi le sentiment d'être à votre place et de faire ce que vous avez à faire. C'est tout ce qui importe. »

Le voyageur le remercia pour ses paroles encourageantes.

Avant de partir, il exprima au vieil homme son souhait de revenir à l'auberge afin de poursuivre l'apprentissage qu'ils avaient entrepris. Il ne pouvait pas en rester là et sentait qu'il devait encore travailler sur lui-même, auprès du vieil homme. Cette nouvelle épreuve ne faisait que le confirmer.

Mais ce serait pour plus tard. La priorité absolue du moment était naturellement d'être aux côtés de son père pour lui faire ses adieux. Et aux côtés de sa sœur pour accueillir le nouveau-né. Il avait bien reçu le message.

Le vieil homme proposa ensuite au voyageur de laisser sa voiture à l'auberge et de le conduire à la gare.

Peu de temps après, le voyageur était dans le train.

Plusieurs jours après…

Le chapeau

« J'aurai beaucoup de choses à vous raconter », conclut au téléphone le voyageur qui venait, par politesse, de notifier au vieil homme les détails pratiques de son retour à l'auberge.

Dans le train, le voyageur ne cessait de penser à la tournure que sa vie avait prise depuis l'annonce de son licenciement. Tant de choses avaient déjà changé et les derniers jours en avaient largement témoigné.

Il s'interrogea sur ce qui avait vraiment changé. Sa conclusion fut que c'était lui, et rien d'autre, qui était *en train* de changer. Et que finalement, la vie était bien faite. En tout cas si l'on décidait qu'elle le soit.

Les deux hommes se retrouvèrent à la gare à l'heure prévue.

Étonnamment, ils ne se connaissaient que depuis quelques jours et pourtant, ils avaient le sentiment partagé que cela faisait beaucoup plus longtemps. C'était peut-être là un des attributs de l'amitié et de la complicité.

« Bon voyage ? interrogea le vieil homme.

— Excellent, merci, et je suis ravi d'être de nouveau ici avec vous », répondit le voyageur avec *entrain*.

Dans la voiture, le voyageur était survolté. Son besoin de partager avec le vieil homme les moments intenses qu'il avait vécus ces derniers jours était pressant.

Il expliqua d'abord qu'il avait écrit à son père une longue lettre qu'il avait soigneusement déposée dans le cercueil de celui-ci. Même tardive, cette lettre donnait au voyageur le sentiment de se relier à son père. Il en fut soulagé.

Il expliqua ensuite le temps qu'il avait consacré à son épouse pour l'écouter davantage et s'efforcer de mieux la comprendre. Leur relation s'en était instantanément trouvée améliorée.

Il expliqua encore la situation qui s'était rééquilibrée avec sa fille. Cette dernière avait bien reçu la lettre postée depuis l'auberge, et en avait été très touchée. Elle le lui avait d'ailleurs exprimé clairement. Ils avaient ensuite passé ensemble des moments privilégiés, comme pour rattraper le temps perdu.

Il expliqua enfin le film qu'il avait réalisé sur les premiers jours et les premiers sourires du nouveau-né. Cela lui avait donné du baume au cœur.

Le voyageur dit au vieil homme :

« Je tiens à vous remercier pour les mots d'encouragement que vous m'avez offerts avant mon départ. Ils m'ont guidé et j'ai agi selon ma conscience tout au long de ces derniers jours. Et à présent, je me sens vraiment mieux.

— C'est moi qui vous remercie de savoir mettre à profit ce que j'ai partagé avec vous. »

Arrivé à l'auberge, le voyageur ouvrit le sac qu'il avait récupéré chez lui et emporté. Il en sortit une jolie boîte qu'il tendit au vieil homme.

« Tenez, dit simplement le voyageur.

— Que me vaut cet honneur ? interrogea le vieil homme, curieux et quelque peu embarrassé.

— Je vous en prie, ouvrez-le, j'espère que cela vous plaira. »

Le vieil homme ouvrit la boîte de laquelle il sortit un magnifique chapeau. Il demanda :

« Est-ce vraiment pour moi ? Ce chapeau est splendide !

— Oui, j'y tiens. L'autre jour, lorsque j'étais en ville, je suis passé devant la vitrine d'un chapelier renommé. Lorsque j'ai aperçu ce chapeau, j'ai tout de suite pensé qu'il était fait pour vous et que vous le porteriez à merveille.

— Je suis très honoré par votre geste. Si je comprends bien, vous avez décidé de me faire "porter le chapeau" », fit le vieil homme en plaisantant.

Les deux hommes s'amusèrent de cette note d'humour et poursuivirent allègrement leurs discussions, ayant manifestement beaucoup de choses à se raconter.

Puis le vieil homme vaqua à ses occupations. Le voyageur, lui, se promena un long moment dans la nature environnante qu'il avait appris à apprécier.

Le temps

Plus tard dans la journée, le voyageur, de retour de sa promenade, observa de loin le vieil homme.

Celui-ci, un arrosoir à la main, se dirigeait vers le fond du jardin.

Sa silhouette à contre-jour, rendue floue par les rayons du soleil, frappa soudain le voyageur. Il crut un instant déceler celle, lointaine, de son père. Cette impression fut renforcée par la démarche calme et mesurée du vieil homme.

La confusion engendrée par cette illusion d'optique le bouleversa. Il détourna le regard.

Il reprit sa marche, d'abord sans but précis, puis fut attiré par une petite colline située derrière l'auberge. Il s'y dirigea.

La vision précédente, bien que troublante, lui fit sentir à ce moment-là le besoin de se rapprocher de son père.

Il monta en haut de la colline et à l'aide de quelques pierres et morceaux de bois soigneusement choisis et rassemblés, il érigea un petit édifice symbolique devant lequel il se recueillit longuement.

Une partie de son être était désormais intimement liée à cet endroit.

Progressivement, un sentiment de paix intérieure le gagna. Il imagina son père allongé pour l'éternité et éleva les yeux vers le ciel comme pour le chercher. Puis, comme par mimétisme, il s'allongea par terre et laissa son esprit vagabonder librement.

De multiples images du film de la vie qu'il avait partagée avec les siens depuis sa plus tendre enfance défilaient dans sa tête.

Il mesurait, avec nostalgie, la chance qu'il avait eue de vivre ces moments uniques et privilégiés. Que ces derniers soient bons ou mauvais, cela n'avait finalement pas grande importance. C'était en effet l'essence même du moment vécu qui le rendait maintenant heureux. Autrement dit, le fait d'être tout simplement en vie. Une chance que son père n'avait plus.

Il s'engagea en lui-même à considérer désormais tout moment comme unique, car c'était précisément cette unicité qui conférait toute la richesse à cet instant.

Jeune, il pensait qu'il avait toute la vie devant lui et que ses parents seraient là pour toujours. Un rêve d'enfant, sans doute. Une illusion évidemment.

Ce n'est qu'en grandissant qu'il avait ressenti ce qu'il percevait comme une accélération progressive du temps. Il se souvint avoir entendu ses parents en parler, d'ailleurs. Et en effet, plus lui-même avançait dans la vie, plus le temps semblait s'accélérer. Et lui échapper. Peut-être plus encore maintenant qu'il venait de perdre son père.

Le temps était décidément une notion bien étrange, se dit-il.

Comme par réaction à cette fatalité, il décida de rester allongé au sol, sans bouger, et sans laisser la moindre prise au temps. Du moins en apparence.

Il fut tiré de ses pensées par le cri d'un oiseau qui volait à proximité.

Se redressant, il remarqua alors, en face de lui et à bonne distance, le vieil homme qui se tenait droit et silencieux.

Ce dernier s'approcha et prit la parole :

« Je vous ai observé en train de monter tout à l'heure, mais je n'ai pas voulu vous déranger. Vous sembliez absorbé dans vos pensées et sensible à la beauté du lieu.

— Difficile d'y rester insensible, en effet. J'ai fermé les yeux et j'ai eu l'impression de capturer l'essence de la vie. Comme si passé et avenir n'avaient plus aucune réalité intrinsèque.

— C'est tellement vrai, confirma le vieil homme. Seul l'ici et maintenant est palpable et mérite que nous nous y consacrions pleinement. Le reste n'est qu'élucubration mentale ! »

Avec un zeste d'humour, le vieil homme continua :

« En parlant d'ici et maintenant, j'ai préparé le dîner. Souhaitez-vous vous joindre à moi ? »

Le voyageur sourit et répondit :

« Avec grand plaisir. Je vous suis. »

Puis ils retournèrent ensemble à l'auberge.

Ce soir-là, après un dîner bien sympathique et avant de s'endormir, le voyageur nota les mots suivants sur son carnet :

VIS PLEINEMENT,
ICI ET MAINTENANT !

Pour créer l'équilibre,
ne laisse pas ton passé déterminer ton avenir
et porte tous tes efforts sur l'essentiel.

Inscris dans la durée et dans l'équilibre
tout ce que tu entreprends.

Reste cependant toujours concentré
sur l'instant présent.
Et apprécies-en toute la valeur.

Intempéries

Tôt ce matin-là, après une météo fortement agitée au cours de la nuit, les deux hommes se retrouvèrent devant l'auberge.

De violentes intempéries s'étaient déchaînées, causant des dégâts apparemment importants, parmi lesquels de grands arbres retrouvés déracinés, couchés sur le sol.

Regardant autour de lui avec un brin de fatalité, le vieil homme indiqua au voyageur qu'il n'avait jamais connu cela depuis qu'il vivait à l'auberge.

D'un côté, la violence des intempéries.

De l'autre, la désolation des grands arbres au sol.

Cela leur rappelait que la nature pouvait être, tout à la fois, d'une grande force et d'une grande fragilité.

Le vieil homme demanda au voyageur de l'accompagner pour aller vérifier l'étendue des dégâts aux alentours. Ceux-ci étaient nombreux et ils consacrèrent une bonne partie de la journée à s'atteler aux premières réparations.

Bien plus tard et pour récupérer de ses efforts, le voyageur sentit le besoin de se détendre. Il proposa au vieil homme de l'accompagner pour une promenade en direction du lac, ce que ce dernier accepta.

Le voyageur profiterait de cette occasion pour mieux connaître cet homme mystérieux qui continuait à le fasciner.

Les deux hommes se mirent en marche.

L'assurance

Après un long moment de silence et tout en marchant, le voyageur entama la discussion :

« Je me disais, en vous observant, que décidément vous êtes une vraie force de la nature !

— Je vous remercie de ce compliment sympathique. Mais vous savez, chacun d'entre nous a ses forces. Il a également ses faiblesses, répondit le vieil homme d'un ton empreint de sincérité et de réalisme.

— Oh ça, je l'ai bien compris depuis que je vous ai rencontré, s'exclama le voyageur. Je pensais bien me connaître. Mais j'ai commencé à découvrir quelqu'un d'autre. Une personne différente. Avec ses faiblesses certes. Mais surtout avec de nouvelles forces !

— En effet, je trouve que vous avez déjà beaucoup progressé. Et rapidement, qui plus est, le complimenta le vieil homme.

— Ce que vous me dites me touche beaucoup, surtout venant de vous. J'aimerais tellement avoir votre assurance !

— Oh, vous savez, l'assurance, aussi forte soit-elle, a aussi ses limites, le mit en garde le vieil homme.

— Oui, sans doute. Mais même avec ces limites, on est sûrement mieux avec que sans, vous ne trouvez pas ?

— Bien sûr, mais attention tout de même. L'assurance nous empêche, parfois, d'être attentifs et à l'écoute de ce qui se passe autour de nous. »

Le vieil homme, après avoir prononcé cette phrase, regarda au loin et pointa du doigt le lac à portée de vue.

Une fois sur place, ils s'installèrent sur un arbre couché au bord de l'eau.

Le voyageur repensait à la dernière phrase que venait de prononcer le vieil homme. Il voulait comprendre et reprit :

« Quand vous avez dit que l'assurance empêchait parfois d'être à l'écoute de ce qui se passe autour de nous, pensiez-vous à quelque chose de précis ?

— Vous êtes perspicace ! En réalité, il m'est arrivé, il y a longtemps, de souffrir de mon excès d'assurance. »

Le voyageur sentait enfin que le vieil homme lui tendait une *perche*. À y réfléchir, c'était un peu normal pour un *Équilibriste* !

Jusqu'alors et de plus en plus, il avait eu tendance à idéaliser le vieil homme. Comme si ce dernier était invulnérable !

Le regard quémandeur, le voyageur exprima clairement l'envie qu'il avait d'en savoir davantage.

Par souci d'équilibre et sens de la pédagogie, le vieil homme accepta de se prêter au jeu, sans se faire prier. Il se confia :

« L'excès d'assurance dont je vous parlais juste avant remonte à une époque où mon travail occupait le plus clair de mon temps. Quant à mes temps libres, je les passais soit à travailler encore davantage, soit à penser à mon travail ou encore à en parler… Ma vie tournait autour de mon activité professionnelle et je réussissais. Je croyais que tout allait bien dans ma vie et que je contrôlais parfaitement la situation.

— Ce n'était pas le cas ? questionna le voyageur, surpris et captivé par cette confession.

— J'ai compris entre-temps que ce n'est, en fait, jamais totalement le cas. Ce n'est pas par moi-même que je m'en suis aperçu, c'est mon épouse qui m'en a fait prendre conscience, dit le vieil homme.

— Et que vous a-t-elle dit ?

— Ce n'est pas ce qu'elle m'a dit, mais ce qui lui est arrivé qui m'en a fait prendre conscience. Je m'étais peu à peu enfermé dans mes illusions. Je m'imaginais en pleine réussite, alors que la personne qui m'était la plus chère et la plus proche était, elle, en pleine souffrance.

— Que s'est-il passé ?

— Mon épouse était, hélas, gravement malade. Et je n'ai pas vu son état se dégrader. Trop souvent absent, même lorsque j'étais présent à la maison... Il n'a fallu que quelques semaines pour qu'elle ne soit plus à mes côtés, emportée par la maladie. Et de toute façon, il était déjà bien trop tard pour que je réagisse. Ce qui me chagrine peut-être le plus aujourd'hui, c'est que j'ai appris la nouvelle de son décès depuis l'étranger, donc loin d'elle.

— Je suis profondément désolé d'apprendre ceci », dit le voyageur très décontenancé.

Le vieil homme s'interrompit et semblait très ému.

Le voyageur, lui, en avait finalement appris beaucoup plus que ce qu'il avait escompté.

À force de vouloir en savoir plus, avait-il, d'une certaine manière, acculé le vieil homme à révéler un volet trop personnel de sa vie privée ? Et créé ainsi un certain déséquilibre inconfortable pour ce dernier ?

L'émotion authentique qui étreignait le vieil homme plaça le voyageur en situation délicate.

Toutefois, le vieil homme semblait, lui, assumer la décision de se livrer au voyageur et prit une profonde inspiration avant de poursuivre :

« Si vous me le permettez, ne faites pas la même erreur que moi et restez toujours vigilant. La vie est ainsi faite qu'elle vous prend souvent par surprise, au moment où vous vous y attendez le moins.

— Et y a-t-il une recette pour éviter d'être pris par surprise ?

— À mon sens, s'il existe une recette, c'est d'abord d'aimer plus fort et de façon inconditionnelle les personnes à qui l'on décide de donner son amour. Mais c'est aussi, et surtout, d'être présent pour ces personnes. Présent de la manière dont elles ont besoin et qui varie d'un individu à l'autre. Ainsi, l'équilibre est toujours gagnant et l'on ne passe plus à côté des choses essentielles...

— Vous dites "décider" de donner son amour ! s'exclama le voyageur qui semblait interpellé. Mais on m'a toujours appris qu'il fallait aimer tout le monde, sans distinction. Je ne comprends pas vraiment ce qu'une "décision", acte rationnel par définition, a à voir avec l'amour.

— Oui, c'est juste d'une certaine manière, on ne devrait pas avoir à "décider" de donner son amour. Et d'ailleurs, l'attitude de *L'Équilibriste* est par définition de tendre à aimer tous ses prochains.

— D'accord.

— Mais dans le même temps, et comme je le disais avant, l'amour d'un conjoint, par exemple, avec lequel on entretient normalement une relation privilégiée, nécessite d'être nourri par la présence et par une attention particulière.

— Oui, je comprends la nuance.

— Et cette présence peut bien entendu prendre différentes formes. Qu'on le veuille ou non, nous ne sommes pas doués d'ubiquité et ne pouvons donc pas être présents pour tout le monde, ni tout le temps ni de la même manière. »

Le voyageur dut bien en convenir. Il y avait effectivement une nuance entre l'amour que l'on pouvait exprimer de manière générale pour l'humanité dans son ensemble. C'était un principe moral qu'on lui avait enseigné et auquel il croyait.

Et l'amour que l'on entretient à travers les relations conjugales, filiales...

Après un long silence, le vieil homme poursuivit :

« Une fois qu'on l'a comprise, cette vérité de l'équilibre peut sembler évidente. Il m'a cependant fallu du temps pour la comprendre et la faire mienne. Hélas, je l'ai fait trop tard et j'ai ainsi créé un profond déséquilibre. Pour mon épouse, pour moi-même et pour tout notre entourage. C'est pour vous éviter de perdre du temps et d'arriver aux mêmes conclusions tardives que je vous explique cela.

— Et pensez-vous que vous auriez pu découvrir cette vérité de l'équilibre plus tôt ? demanda le voyageur qui se sentait très concerné.

— Avec le recul, je pense que oui. Divers signes m'avaient en effet été envoyés, notamment par l'un de mes amis, et ce à différentes reprises. Seulement, je n'ai pas su les décoder à temps. Pire, je les ai dénigrés, vraisemblablement par cécité ou par orgueil. »

Le voyageur se demandait comment réagir vis-à-vis d'un tel aveu. Il considérait cette révélation comme un présent de grande valeur et comme une grande marque de confiance.

Mais il était aussi profondément attristé pour le vieil homme. Ce dernier avait dû et devait vraisemblablement encore beaucoup souffrir du décès de son épouse. Mais également de la frustration née de son erreur d'appréciation du moment. Une autre cicatrice, sans aucun doute.

L'eau

Le vieil homme se pencha en avant et prit un peu d'eau du lac dans le creux de sa main :

« Vous voyez cette eau ?

— Oui, bien sûr.

— Eh bien vous savez, on peut faire un parallèle entre ce que je viens de vous expliquer et la nature de l'eau.

— Je ne vois pas bien, répondit le voyageur avec une moue interrogative.

— Cela peut vous sembler incroyable, mais j'ai fini par être en conflit avec cet ami dont je vous ai parlé, alors qu'il me livrait les clés de mon bonheur. C'est d'ailleurs une erreur que nous commettons souvent. De fait, en m'opposant à lui, je me suis opposé à mon bonheur, sans même m'en apercevoir. Et plus le temps passait, plus je m'opposais...

— Mais qu'est-ce que cela a à voir avec l'eau ? demanda le voyageur qui ne comprenait toujours pas où le vieil homme voulait en venir.

— C'est une image, répondit ce dernier. Une image que mon ami a employée lorsque, bien plus tard, il a tenu à m'expliquer les sources de notre conflit, à ses yeux. Je vais vous expliquer. »

Le voyageur était très attentif. Le vieil homme continua :

« L'eau est l'élément naturel qui symbolise par excellence la fluidité et l'adaptabilité. Elle peut être très puissante comme l'illustre cette cascade un peu plus loin. Mais surtout, au lieu de résister, elle prend toutes les formes et accompagne le mouvement. Elle ne s'oppose jamais et trouve toujours l'issue qui lui est la plus favorable.

— Dois-je comprendre que si comme vous le disiez avant, vous aviez su écouter votre ami et tenir compte des signaux qu'il vous envoyait au lieu de vous y opposer, vous auriez sans doute trouvé une meilleure issue à la situation ?

— Exactement, répondit le vieil homme en regardant soudain vers le bas. Il est probable que si, à l'image de l'eau, j'avais été plus « fluide » donc plus flexible, je me serais sans doute mieux adapté à la situation et j'aurais réagi plus tôt. Cela ne signifie pas qu'il me fallait suivre à la lettre tout ce que me disait cet ami, mais que j'aurais dû avoir la sagesse de m'en inspirer. Et donc de m'en enrichir. Fort de ses messages et de ma propre réflexion, l'avenir aurait pu être bien différent… »

En écoutant le vieil homme, le voyageur en déduisit que ce dernier, en son for intérieur, devait penser qu'il aurait certainement pu, ainsi, sauver son épouse.

L'eau…, pensa-t-il, songeur.

La nuit commençait à tomber.

Compte tenu de la distance parcourue, le vieil homme proposa au voyageur de ne rentrer à l'auberge que le lendemain. Et de faire halte à la cabane du vieil homme située à quelques encablures de *l'Antichambre*.

Le feu

Le voyageur revenait les bras chargés de bois mort qu'il déposa non loin de la cabane.

Le vieil homme y avait aménagé un espace qu'il utilisait pour faire, de temps à autre, des feux de camp lors de ses entraînements nocturnes sur le fil. Il savait que cet espace ne présentait aucun risque eu égard au feu.

Au *fil* de leurs échanges, les deux hommes avaient lié une complicité certaine et un respect mutuel.

Autour du feu, le vieil homme, sa canne posée à ses côtés, s'adressa avec un regard amical et profond au voyageur :

« Pensez-vous que notre rencontre tienne du hasard ?

— Pour tout vous dire, je me posais la même question », répondit le voyageur en souriant.

Ce dernier poursuivit :

« En fait, je ne sais pas quelle est la place à accorder au hasard dans tout cela. Ce que je sais, en revanche, c'est qu'au début de notre rencontre, j'étais sous le choc de mon licenciement et je n'étais pas réceptif. Je me rends compte, à présent, que les choses ne sont pas toujours comme elles semblent être...

— C'est très juste.

— J'ai notamment appris qu'avant de porter un jugement, une prise de recul s'impose. En fait, je trouve ma situation un peu paradoxale : d'un côté, j'ai perdu mon travail, de l'autre, j'ai le sentiment d'avoir gagné bien plus en vous rencontrant.

— Paradoxale, c'est cela même ! Vous touchez là à l'essence de la loi de l'équilibre. C'est paradoxalement dans la chute que l'on se construit le plus. À condition toutefois que nous sachions faire la bonne lecture de cette chute. Ce n'est pas tant ce qui nous arrive qui importe, mais bien plutôt la manière dont nous réagissons à ce qui nous arrive.

— Je le comprends mieux à présent, dit le voyageur. Mais comment puis-je savoir avec certitude si l'adversité que je traverse va finalement me conduire à l'équilibre ?

— Il n'y a dans ce domaine aucune certitude. Si j'ai partagé avec vous l'un des épisodes les plus douloureux de ma vie, c'est pour vous aider à en prendre conscience. »

Le vieil homme s'expliqua :

« Nous passons tous par une alternance de phases d'équilibres et de déséquilibres. Tout au long de nos vies. Pour traverser ces phases, nous devons apprendre à :

- accepter positivement tout changement ;
- composer avec les peurs, les souffrances et les incertitudes qui accompagnent ces changements ;
- nous remettre en question.

« En procédant de la sorte, on ne s'interroge plus en termes de *certitudes* mais d'*adaptation*. C'est une approche radicalement différente. Je dirais même que c'est un état d'esprit : celui de *L'Équilibriste* ! »

Après cet échange, ils dînèrent avec les moyens du bord.

Le voyageur trouva que ce festin improvisé, quoique rudimentaire, était tout à fait délicieux.

Le repas terminé, le vieil homme se dirigea vers la cabane d'où il rapporta un instrument de musique. Il en joua un moment, pendant que le voyageur, lui, l'écoutait attentivement.

Ces instants de bonheur ramenèrent ce dernier à son enfance, au cours de laquelle il avait souvent écouté son grand-père faire de la musique lors de réunions de famille. Il eut un pincement au cœur.

Plus tard, à proximité du feu encore chatoyant et avant d'aller dormir, le voyageur, selon sa nouvelle habitude, saisit son carnet.

Il nota :

RESTE OUVERT
ET APPRENDS L'ÉQUILIBRE,
***PAR CŒUR* !**

Développe ton assurance,
mais ne la laisse pas t'éloigner
de ce qui compte vraiment.

Aime plus fort et de façon inconditionnelle
les personnes à qui tu décides
de donner ton amour.
Sois présent pour elles, selon leurs besoins.

Sois aussi fluide que l'eau.
Adapte-toi, toujours et encore,
à chaque situation.

La peur

Le voyageur avait déjà parcouru plus de la moitié du fil et ses jambes commençaient à trembler.

Il avait passé une bonne mais courte nuit.

Un peu plus tôt, il était sorti de la cabane et avait utilisé les quelques braises restant du feu pour se chauffer une boisson.

Le vieil homme, lui, était affairé dans le petit atelier accolé à la cabane.

Oscillant entre l'exaltation d'arriver de l'autre côté du fil et la peur de chuter, le voyageur marqua un temps d'arrêt.

« *La peur de chuter est souvent paralysante.*
La peur de réussir la traversée aussi.
L'Équilibriste doit apprendre à surmonter
l'une comme l'autre. »

Cette phrase prononcée par le vieil homme lors d'un de leurs nombreux échanges faisait écho dans son esprit.

Le voyageur savait aussi qu'il ne pouvait se permettre de rester longtemps immobile.

Mais pourquoi, en dépit de ce que sa raison lui commandait, restait-il malgré tout figé sur le fil ?

D'autres questions surgirent.

Avait-il vraiment envie d'aller au bout du fil ? Qu'en attendait-il ?

Et en était-il réellement capable, d'abord ?

Qu'est-ce que cette réussite impliquerait ?

Autant de questions nouvelles, parmi d'autres, auxquelles il ne savait répondre sur le moment.

Était-il bon qu'il se les pose ? Surtout maintenant ! Trop de réflexions peut-être.

D'un côté, il sentait qu'il progressait. De l'autre, qu'il régressait.

Mais pourquoi donc ?

Plus il se le demandait et moins il parvenait à bouger. Il sentait quelque chose en lui se bloquer. En fait, son corps et sa tête. Rien que cela !

« Chacun d'entre nous passe par cette étape à un moment ou un autre », lança une voix qui lui était devenue familière.

Le voyageur, toujours en équilibre précaire sur le fil, ne savait pas s'il devait ou non détourner le regard.

Il ne le détourna pas. Première décision.

Il resta focalisé sur le fil. Deuxième décision.

Il progressait.

Stimulé, il se reprit et fit un pas rapide, avançant ainsi de nouveau sur le fil.

Puis très rapidement un autre, un peu lourd. Trop lourd sans doute.

Le fil vibra de manière à peine perceptible. Le voyageur engagea le pas suivant et au moment de reposer son pied en mouvement, il perdit l'équilibre.

Ses bras gesticulant en l'air, il s'affala.

No comment !

Les bonnes raisons

« Pff... !, même en faisant tout ce qu'il faut, je n'y arrive pas, soupira le voyageur dégoûté.

— Bravo pour votre concentration, en tout cas ! Vous ne vous êtes pas laissé distraire, cette fois. Et c'était une belle progression, *chapeau* !

— Je suis d'accord, mais tout de même, c'est bien frustrant ! Contrairement à ce que je pense, peut-être n'ai-je pas fait tout ce qu'il faut ?

— Si c'est le cas, alors qu'est-ce qui, selon vous, a bien pu manquer ?

— Bon, pour ma défense, avec la rosée du matin, le fil était quand même glissant, se dédouana le voyageur.

— Vous m'étonnez, répondit le vieil homme qui fit grise mine.

— Ah ? Et pourquoi donc ? continua le voyageur.

— Votre remarque me rappelle un vieux proverbe qui dit : *"Qui est tombé de cheval dit à l'âne qu'il a voulu descendre"*, ironisa le vieil homme qui savait à présent qu'il pouvait se permettre de pousser un peu plus loin son *apprenti Équilibriste*. Un brin d'humour pourrait ici se révéler approprié.

— À croire que le cheval était trop haut pour moi ! s'exclama le voyageur, faisant du même coup sourire le vieil homme. Je suis frustré de constater qu'à chaque fois que j'avance d'un pas, finalement je recule de deux.

— À vous voir, je dirais plutôt qu'à chaque fois que vous avancez de deux pas, vous reculez d'un, dit le vieil homme, décidément philosophe et optimiste.

— En finale, tout cela ne me fait pas beaucoup avancer ! dit le voyageur un tantinet désappointé. Un pas, deux pas, deux pas, un pas. Je trouve que cela ne fait pas une grande différence en fin de compte.

— Vous trouvez ? Mais cela fait, au contraire, toute la différence ! lui envoya le vieil homme en forçant le ton. En avançant de deux pas et en reculant d'un, vous avancez deux fois plus que vous ne reculez. Le plus grand des mathématiciens ne me démentirait pas, je crois ! Qu'en pensez-vous ?

— C'est imparable, en effet, capitula le voyageur.

— Et c'est aussi quand vous reculez d'un pas que vous élaborez le pas suivant qui vous conduira encore plus loin sur le fil.

— Vous pouvez préciser ?

— Je veux dire que ce pas en arrière peut notamment être l'occasion d'une prise de recul. Ce recul permet l'analyse, la récupération et le renforcement. Préambules nécessaires pour mieux repartir de l'avant.

— Un temps d'arrêt, si je comprends bien.

— Exactement, un temps d'arrêt et de recul. Le mouvement dont nous avons parlé ne peut être continuel, au risque de s'essouffler, et a besoin de pauses intermittentes. Comme dans une œuvre musicale ! »

Le vieil homme poursuivit :

« En outre et comme nous en avons discuté, c'est dans l'adversité que nous nous forgeons le plus. À condition toutefois d'adopter la bonne réaction et le juste regard sur ce qui nous arrive. À votre avis, quelle question gagneriez-vous à vous poser, maintenant que vous avez chuté ?

— Comment remonter sur le fil ?

— Non, dit le vieil homme en y associant un geste de la tête. Le problème ne se situe pas là.

— Pourquoi ai-je chuté, alors ?

— Précisément ! Pour éviter de rechuter, nous devons comprendre les raisons de nos chutes. En reproduisant sans cesse les mêmes pas de la même manière sur le fil, on obtient généralement les mêmes résultats. En l'occurrence, la chute dans le cas présent !

— C'est ma façon de m'y prendre qui pose problème ?

— Plutôt l'état d'esprit et la stratégie qui sous-tendent votre façon de faire, je dirais. Il est important de ne brûler aucune étape et de savoir précisément les forces et les faiblesses de votre stratégie pour traverser le fil. Donc, de bien savoir pourquoi vous êtes tombé et ce que vous allez devoir changer pour éviter que cela ne se reproduise.

— Cela mérite sûrement réflexion, dit le voyageur d'un air pensif.

— Si le fil était vraiment glissant, comme vous l'avez évoqué, que devriez-vous faire à présent pour y remédier ? interrogea le vieil homme, un rien taquin.

— En fait, euh, je ne sais pas s'il était vraiment glissant, admit le voyageur dans un accès de sincérité.

— Bravo pour votre honnêteté. Par cet aveu, à vous-même d'abord, vous franchissez une nouvelle étape. Alors, oublions un instant le fil qui, nous sommes d'accord, n'a aucune responsabilité dans votre chute. Essayez de comprendre réellement *pourquoi* vous avez chuté.

— Dans un élan d'enthousiasme, je suis probablement allé un peu vite.

— Je crois en effet que vous êtes allé un peu vite et que vous avez confondu vitesse et précipitation, dit le vieil homme dans un souci de clarification.

— J'en prends conscience...

— Mais ce n'est pas tout. Vous auriez pu ne pas tomber si, sur le moment, vous aviez observé que vous vous précipitiez. Vous auriez alors pris conscience que le fil commençait à vibrer, mettant votre équilibre en péril. Vous auriez alors pu en tenir compte pour réajuster votre pas suivant et assurer vos appuis. Votre traversée aurait peut-être abouti, cette fois. »

Le voyageur buvait les paroles du vieil homme et semblait comprendre toute l'importance de chaque pas pour réussir la traversée du fil. Ce qui n'avait au début été que théorie prenait une dimension très concrète et il la ressentait maintenant.

Il respira profondément.

Tellement de choses s'éclaircissaient à présent dans sa tête et trouvaient leur place.

Le vieil homme prit congé.

Avant de partir, il remit au voyageur une petite lanière en cuir. Un objet qu'il utilisait lui-même lors de ses entraînements, afin d'étalonner ses performances sur le fil.

Il en expliqua le fonctionnement au voyageur qui décida de l'employer sans attendre.

Mise en condition

Il était encore très tôt. La brume matinale conférait à *l'Antichambre* une atmosphère mystérieuse, presque surnaturelle.

Muni de sa lanière, le voyageur fut tenté de remonter sans délai sur le fil.

Il se retint cependant, se ravisa et considéra la situation.

Son objectif à ce stade était clairement de parvenir à traverser le fil, de bout en bout, avant la fin de la journée.

Il marcha en direction du lac. Pas en direction du fil.

Il augmenta peu à peu la cadence de ses pas, jusqu'à bientôt courir à petites foulées.

Il sentait le besoin d'échauffer son corps et de préparer son mental.

Avançant maintenant à un rythme soutenu, il sentait que son esprit, parallèlement, se détendait tout en restant concentré.

Des images lui passèrent par la tête, de la coupure de presse *« yes, oui canne ! »* à sa propre image sur le fil. Il se voyait déjà en train d'achever la traversée avec succès.

Après un tour du lac qu'il effectua rapidement, ce qui ne manqua pas de le surprendre, et achevant sa course sur un sprint, il revint vers *l'Antichambre,* essoufflé mais revitalisé à la fois.

Il s'approcha des arbres auxquels était accroché le fil. Puis il y apposa ses paumes, absorbant l'énergie qu'ils lui offraient.

Se tournant alors vers le fil, il le scruta intensément, le saisit à pleines mains, comme pour y chercher une forme de vie. Un lien naissait entre eux, une sorte de complicité.

Il visualisa ensuite sa traversée, laissant glisser ses mains le long du fil, d'un bout à l'autre.

Il venait de « traverser » le fil avant même de l'avoir traversé. C'est en tout cas comme cela qu'il ressentait les choses.

Spontanément, il avait expérimenté une forme de visualisation, ce qui lui donna confiance.

Avant de monter, il leva les yeux vers la cime des arbres, comme il avait vu le vieil homme le faire. Il resta ensuite silencieux pendant un moment.

Quand il se sentit enfin prêt, il monta sur le fil.

L'équilibre

Le voyageur enchaînait traversée sur traversée, alternant progressions et régressions, régulièrement mesurées à l'aide de la lanière en cuir.

Après un long moment qui lui sembla pourtant passer très vite, le voyageur n'en crut pas ses yeux.

Transpirant de tout son corps, il venait, enfin, d'effectuer la traversée du fil de bout en bout.

La première traversée de sa vie. Sans chuter !

Totalement excité et hors de tout contrôle, il prit appui sur le fil et bondit de joie.

Une fois au sol, pour la première fois sur ses deux jambes, il ressaisit le fil entre ses mains et l'embrassa de bonheur.

Puis en se dirigeant vers les deux arbres, qui l'avaient littéralement porté, pour aller leur donner une accolade complice, il se prit les pieds dans une racine et trébucha.

Allongé au sol, il était littéralement hilare !

La situation était pour le moins insolite et l'amusa beaucoup.

Quel paradoxe en effet ! Après autant d'efforts, il venait d'accomplir *en l'air* ce qu'il estimait être une prouesse. Un instant plus tard, *par terre*, il s'étalait !

Était-ce là un paradoxe de l'équilibre ?

En tout cas, cela ressemblait étrangement aux situations parfois paradoxales de la vie.

Décidément, l'équilibre était joueur !

Le signal

Revenu à la verticale et faisant maintenant attention où il posait ses pieds, le voyageur saisit immédiatement son téléphone portable qu'il sortit de son sac.

Il l'alluma et vérifia si, malgré l'isolement de l'endroit où il se trouvait, il captait un signal. Par chance, ce fut le cas, même si celui-ci était faible.

Il ressentait un désir ardent de partager sa joie avec le vieil homme. Il appela l'auberge et demanda à lui parler.

« J'ai réussi ! s'exclama le voyageur.

— Fantastique ! Je sentais que vous y arriveriez ! répondit avec exaltation le vieil homme à l'autre bout du *fil*. J'ai hâte que vous me racontiez les détails de votre exploit. »

Le voyageur lui précisa alors qu'il allait se mettre en chemin pour rentrer à l'auberge et devrait arriver avant midi. Le vieil homme l'attendait avec impatience.

Le trajet du retour parut incroyablement court au voyageur. Beaucoup plus court que la première fois qu'il l'avait arpenté dans l'autre sens, au début de son séjour !

Il sautillait avec allégresse, ne pouvant et ne voulant contenir cette joie nouvelle et bienfaitrice.

Il chantait même à tue-tête :

« I *fil* good ! la la la la la la la... So good ! So good ! ... »

Le voyageur euphorique avait envie de partager cette bonne nouvelle avec ses proches.

Pour commencer, il fit un détour par la colline où il se recueillit un moment devant le petit édifice qu'il avait érigé en mémoire de son père. Premier partage. Il se dit que son père apprécierait, de là où il était.

Arrivé à *« l'Auberge de la Bonne Étoile »*, la bien nommée pensa le voyageur, il retrouva le vieil homme à proximité de la fontaine.

Ce dernier lui posa une main solide et bienveillante sur l'épaule et le félicita chaleureusement.

— *Parabéns para você !* comme diraient mes amis du Brésil !

— Pardon ? demanda le voyageur qui ne comprenait pas un mot de portugais.

— Bravo à vous », traduisit le vieil homme.

Sollicité par celui-ci, le voyageur ne se fit pas prier pour relater les détails de sa performance.

Jusqu'à l'anecdote de la racine et du trébuchement qui, à son tour, fit bien rire le vieil homme. Était-ce d'ailleurs une anecdote ?

Puis le voyageur rendit au vieil homme la lanière en cuir prêtée plus tôt. Ce dernier la lui retourna, souhaitant l'offrir au voyageur à titre symbolique en souvenir de sa première traversée réussie sur le fil.

Le vieil homme invita le voyageur à poursuivre leur discussion dans son bureau. Ils passèrent encore un long moment ensemble à parler du fil et des lois de l'équilibre.

Au bout d'un moment, le voyageur remarqua une lettre manuscrite encadrée et posée sur le bureau du vieil homme.

S'apercevant de la curiosité que cette lettre avait suscitée chez le voyageur, le vieil homme pensa qu'il pouvait être bénéfique de la partager avec ce dernier.

Non pas par orgueil, mais en raison de la grande sensibilité à l'équilibre exprimée par ses auteurs.

À la grande satisfaction du voyageur, le vieil homme l'invita à lire cette lettre avant d'aller déjeuner.

Très cher monsieur,

C'est avec joie et soulagement à la fois que nous avons, enfin, réussi à trouver vos coordonnées.

En effet, nous avions particulièrement à cœur de vous exprimer, cette fois par écrit, toute la gratitude que nous ressentons à votre égard.

Nous ne vous remercierons jamais assez pour le courage, la bravoure et le dévouement exemplaires dont vous avez fait preuve en risquant votre propre vie pour sauver celle de nos deux enfants. Quelle attitude remarquable et quel sang-froid face au danger !

Votre efficacité dans l'action et plus encore votre noblesse d'esprit vous honorent et nous incitent à réfléchir en profondeur sur nos propres comportements au quotidien.

Nous profitons aujourd'hui pleinement de chaque moment passé avec nos enfants, en repensant régulièrement à ce qui aurait pu être une catastrophe.

Ayant été inspirés par votre action, nous sommes heureux de vous informer que nous avons récemment rejoint une organisation humanitaire dans le but d'apporter notre concours, à notre manière, pour sauver la vie des autres.

En notre nom et celui de nos enfants, merci du fond du cœur. Vous avez changé notre vie.

Avec nos salutations les plus respectueuses.

P.-S. : Vous trouverez ci-joint deux dessins que les enfants ont réalisés pour vous.

Après le repas, le vieil homme donna rendez-vous au voyageur pour le dîner. Il lui indiqua que ce dernier aurait exceptionnellement lieu plus tard que d'habitude, en fin de soirée. Et ce, en raison d'engagements que le vieil homme avait pris pour le reste de la journée. Il ne fournit aucune autre explication au voyageur.

Ce dernier, de son côté, occupa son après-midi à écrire et à lire.

Célébration

L'heure du dîner était arrivée.

Au moment d'entrer dans la salle du restaurant de l'auberge, le voyageur fut subjugué par le décor aussi raffiné que somptueux. Peu de choses, mais toutes de qualité et parfaitement agencées !

Le vieil homme annonça au voyageur qu'il avait concocté un dîner spécial en son honneur afin de célébrer sa réussite.

Sans attendre, il l'invita à s'installer confortablement à la table spécialement dressée pour l'occasion.

Deux couverts y étaient disposés.

« J'apprécie que vous dîniez avec moi, remarqua le voyageur, comblé par toutes ces attentions.

— Je vous en prie, répondit le vieil homme, tirant poliment la chaise du voyageur pour qu'il prenne place. Je vous rejoins dans un instant.

Après s'être absenté un moment, le vieil homme, sa canne sous un bras, tendait l'autre bras à une femme ravissante qu'il semblait accompagner vers la table du voyageur.

En les voyant arriver, le voyageur ouvrit des yeux exorbités. Non, ce n'était pas possible...

Une fois devant la table, le vieil homme prit la parole en s'adressant au voyageur :

« Vous connaissez madame, je crois ? »

Était-ce là encore une de ces questions à double sens du vieil homme, se demanda le voyageur qui ne sut quoi répondre.

Ce fut la jolie dame qui engagea la conversation :

« Bonsoir, mon chéri, et toutes mes félicitations ! »

Le voyageur était sans voix.

Il avait son épouse debout là, devant lui. Il lui fallut du temps pour réaliser ce qui lui arrivait et pour reprendre ses esprits.

Il en avait même oublié de se lever pour l'embrasser ! Ce qu'il fit ensuite avec empressement dès qu'il le réalisa...

Ce vieil homme était vraiment incroyable, se dit le voyageur. Il avait pensé à tout et créé l'événement de la meilleure des manières. Il avait tout orchestré sans qu'à aucun moment, le voyageur n'eut pu le soupçonner.

Ce dernier finit par *revenir sur terre*.

Le deuxième couvert était finalement pour son épouse, qu'il invita à s'asseoir à sa table en face de lui.

La lumière des bougies élégamment disposées autour des assiettes se reflétait dans leurs yeux émus.

Jamais le voyageur n'aurait pu imaginer que la femme de sa vie serait là pour partager ce que lui considérait comme un cap dans son existence.

Cherchant ensuite le vieil homme du regard, il ne le trouva pas. Dans son émotion, il ne l'avait même pas vu s'éloigner.

Peu de temps après, le vieil homme, resté jusque-là en retrait pour laisser le couple se retrouver, fit son entrée avec discrétion. Il se rapprocha de la table des amoureux et fit un clin d'œil complice au voyageur.

Il tenait à la main une bouteille d'un grand cru qu'il avait soigneusement sélectionnée dans sa cave personnelle.

Il servit ses hôtes et annonça :

« Soyez mes invités. Ce dîner est servi en votre honneur et j'espère qu'il vous plaira. Chère madame, votre mari est un homme d'exception et vient, comme vous le savez depuis mon appel téléphonique de ce matin, de concrétiser une superbe réussite. Et je peux vous dire que cela est le fruit d'un travail assidu et de nombreux efforts.

Le couple, manifestement heureux d'être réuni, écoutait le vieil homme cérémonieusement et se regardait avec intensité.

Le vieil homme continua :

« Je n'aurais pas voulu que vous passiez à côté, l'un et l'autre, d'un moment si important. Célébrez ensemble ces instants précieux et profitez de la dégustation. Avec votre permission, je serais heureux de vous rejoindre pour le dessert. »

De concert, ils acquiescèrent sans hésiter. Puis ils se levèrent pour remercier leur hôte avec profusion. Le voyageur lui offrit une poignée de main qui en disait long.

L'un comme l'autre savait que sans l'entremise du vieil homme, tout cela ne serait jamais arrivé. Ils mesuraient leur chance de pouvoir vivre cet instant.

Puis le vieil homme s'esquiva.

Sur un fond de musique exquise, le repas et la soirée furent délicieux et magiques.

Comme promis, le vieil homme avait rejoint le couple pour le dessert. Ils passèrent des moments privilégiés ensemble et discutèrent longuement.

Beaucoup plus tard dans la soirée, tout le monde se remercia et le couple salua le vieil homme avant de le quitter.

Cette célébration fut vraiment inoubliable. Tous trois en avaient convenu.

Le lendemain matin, le voyageur, qui avait pris l'habitude de se lever tôt, n'oublia pas son rituel et saisit son carnet.

Il y inscrivit les quelques réflexions suivantes, inspirées par les récents développements :

UN TEMPS POUR CHAQUE CHOSE !

Un temps pour :

- maintenir l'équilibre, sans te précipiter ;
- te préparer et te méfier des raccourcis ;
- accepter de reculer d'un pas pour ensuite avancer de deux ;
- te réjouir de chacun de tes succès et les célébrer.

Le voyageur reposa son stylo.

Plus tard dans la journée, il ressortit son carnet et revint à cette page pour y ajouter :

Un temps aussi pour :

– sortir de l'action et te poser…

… pour mieux repartir.

L'Équilibriste puise son équilibre tant dans le repos que dans l'action.

Si malgré la maîtrise que vous aurez développée
en parcourant ces *lignes,* vous chutez de nouveau,
– ce qui ne manquera pas d'arriver ! –
retournez à la case départ du *fil* de l'histoire...

3. INCARNER L'ÉQUILIBRE

Progresser avec aisance et sérénité
sur un fil toujours plus haut

Non-dits

« As-tu bien dormi ? demanda tendrement le voyageur à son épouse.

— Superbement bien ! répondit-elle en s'étirant. Je dirais même que je n'ai pas dormi aussi profondément depuis des lustres. Cet incroyable silence y est sûrement pour quelque chose.

— Tu as raison, répondit-il. Ce silence est un vrai bonheur. D'ailleurs, depuis mon arrivée ici, je baigne dans une atmosphère presque irréelle. Totalement inhabituelle pour moi ! Tu t'imagines vivre dans un endroit comme celui-ci ?

— Pardon ? répondit-elle.

— Tu t'imagines vivre dans un endroit comme celui-ci ? répéta-t-il.

— De quoi parles-tu ? fit-elle. Je ne te reconnais pas !

— Je te demandais juste si tu pouvais t'imaginer vivre dans un endroit comme celui-ci, reformula le voyageur une troisième fois. Rien de plus. Ce n'était qu'une question.

— Mais tu n'es pas en train d'y penser sérieusement, tout de même ? demanda-t-elle.

— Vois-tu, répondit-il, je trouve cet endroit particulièrement appréciable pour des tas de raisons. De là à y vivre un jour, cela mériterait bien sûr que nous y réfléchissions ensemble.

— Mais qu'est-ce qui a bien pu changer en toi depuis que tu es ici ? interrogea-t-elle, incrédule. Décidément, je ne te reconnais pas !

— Je crois que j'ai tout simplement ouvert les yeux, expliqua-t-il. Tu sais, en arrivant ici à la suite de l'annonce de mon licenciement, j'étais dans un état d'abrutissement total.

— Oui, fit-elle, tu me l'as expliqué par téléphone. Je suppose que tout le monde serait dans le même état en apprenant brutalement son licenciement, tu ne crois pas ?

— Peut-être », répondit-il en donnant l'impression d'avoir la tête ailleurs.

Puis semblant à nouveau concentré, il ajouta d'un ton solennel :

« Mon licenciement a révélé quelque chose de plus profond... »

L'épouse du voyageur était tout à la fois stupéfaite et inquiète de ce qu'elle venait d'entendre.

Stupéfaite, car cela avait en effet de quoi l'étonner. Son mari n'avait pas pour habitude de s'attarder à des considérations d'ordre psychologique !

Inquiète, car elle se demandait comment elle devait se positionner et réagir vis-à-vis de tels propos qui basculaient dans l'introspection et d'une certaine manière, la déstabilisaient.

Le voyageur avait observé son épouse et sentit le besoin de l'aider dans ses réflexions :

« Je comprends que mon discours ait de quoi t'étonner. D'ailleurs, crois-moi, j'étais moi-même le premier étonné. Toutefois, je dois bien me rendre à l'évidence. Avant d'ouvrir les yeux, j'étais totalement hermétique à tout ce qui m'entourait. Au travail, comme le disaient mes collègues, j'avais tout le temps le *"nez dans le guidon"*, pour ne pas dire sur le bitume !

— Oh, tu sais, tu ne fais pas exception, répondit-elle. C'est la vie actuelle qui est comme cela et il faut bien faire avec. Toi comme les autres.

— Tu raisonnes exactement comme je raisonnais quand je suis arrivé ici..., lui lança-t-il.

— Tu me fais peur, dit-elle, anxieuse de ne pas savoir où pouvait les mener cette conversation.

— Tu devrais au contraire être rassurée, ma chérie, dit le voyageur sur un ton posé, ayant décelé l'inquiétude croissante chez son épouse. D'ailleurs, n'as-tu pas observé des changements positifs dans mon comportement récemment ? »

Elle n'eut pas à réfléchir bien longtemps.

En dressant mentalement un inventaire précis, cela devint vite évident. Les comportements de son mari avaient changé positivement. Et même radicalement :

- L'annonce qu'il lui avait faite de son licenciement au téléphone : sans échappatoire.
- Son souhait de rester quelque temps à l'auberge : une retraite inhabituelle chez lui qui était sans cesse dans l'action.
- La lettre à leur fille : une grande nouveauté !
- L'attitude par rapport au décès de son père : un exemple de respect et d'esprit de responsabilité qu'elle ne lui connaissait pas. Ou plus.
- La lettre posthume qui avait suivi : une preuve d'amour jusqu'au bout.
- Le film sur l'arrivée du nouveau-né : encore une grande nouveauté.

- Son exploit sur le fil : totalement inattendu et stupéfiant de la part de quelqu'un qui, jusque-là, ne faisait du sport qu'à la télévision !
- Son attitude au cours du dîner de la veille : une délicatesse extrême. Et un rare moment d'intimité qu'ils n'avaient pas connu depuis longtemps...

Le voyageur observait son épouse en silence.

« Je dois bien avouer que tu n'es plus le même, dit-elle en réponse à la question posée plus tôt. C'est vrai, tu sembles transformé.

— Et tu préfères l'ancienne ou la nouvelle version ? demanda-t-il curieux, cherchant visiblement à obtenir un retour.

— L'autre jour, dit-elle sans répondre directement, lorsque tu m'as téléphoné pour m'annoncer ton licenciement, j'ai beaucoup apprécié la franchise avec laquelle tu m'as dit les choses. Et j'y ai beaucoup pensé ensuite.

— C'est vrai ? demanda le voyageur.

— C'est d'autant plus vrai que c'était nettement différent avant, confirma-t-elle. J'avais régulièrement l'impression que tu me disais les choses comme cela t'arrangeait. Et sans vraiment tenir compte de mon point de vue.

— Mais pourquoi ne me l'as-tu pas dit plus tôt, j'en aurais tenu compte ? lui dit-il, un peu déçu d'apprendre ce décalage entre eux.

— J'ai pourtant maintes fois essayé de te le dire ! s'emballa-t-elle. Mais tu ne m'entendais pas. Et à force, je me suis lassée de te le répéter. C'est ainsi que peu à peu, nous nous sommes installés dans les non-dits. Par paresse ou par convenance.

— Je suis désolé d'apprendre tout cela, répondit-il, amer.

— Et tu vois, ce qui me chagrine le plus, confia-t-elle, c'est qu'en faisant comme cela, nous sommes probablement passés, toi et moi, à côté de beaucoup de choses... »

Le voyageur fut chamboulé par ces paroles qui, malheureusement, sonnaient juste.

Ces dernières rejoignaient les conclusions de l'échange qu'il avait eu à ce sujet avec le vieil homme. Préoccupant !

Ces propos réaffirmaient aussi ce que le voyageur avait préféré, au fond de lui, ne pas voir. Confortable !

Un long silence pesant s'ensuivit. Ni le voyageur ni son épouse ne semblaient oser reprendre la parole.

Puis le voyageur se lança :

« Comme toi, je pense aussi que nous sommes probablement passés à côté de beaucoup de choses. Je le déplore profondément. Et je crains fort que si nous continuons de la sorte, nous finissions par *chuter* tous les deux.

— Pourquoi parles-tu de *chute* ? demanda-t-elle.

— C'est une image. Tu vois, j'ai appris ici que, tels des *équilibristes,* nous évoluons tous sur le *fil* de la vie. Et que tout se résume à des questions d'équilibre et de déséquilibre. Si nous n'y prenons pas garde, c'est la *chute.*

— Et fort de cela, comment vois-tu l'avenir ? questionna-t-elle.

— Je pense qu'il était grand temps que nous ayons enfin cette discussion, répondit le voyageur. Grâce à ta capacité de perception et à ta sensibilité naturelle, tu as mis le doigt sur ce que nous devons rectifier. Je vois donc notre avenir sous les meilleurs auspices. »

Elle semblait ravie et soulagée de la réponse de son mari. Et s'étonnait de la tournure qu'avait prise leur discussion depuis le réveil.

« Je préfère la nouvelle version ! » lança-t-elle, faisant allusion à la question que son mari lui avait posée précédemment et à laquelle elle n'avait pas encore répondu clairement.

Elle se fit la réflexion que c'était presque un autre homme qu'elle avait en face d'elle à cet instant. Plus exactement, le même homme, mais littéralement transformé. Et en bien !

La question initiale de savoir si elle pouvait imaginer de vivre ou non dans un endroit comme celui-ci n'avait finalement qu'une importance très relative.

D'une certaine manière, elle venait de « récupérer » son mari. Et c'était tout ce qui comptait. Elle le comprenait maintenant.

Après avoir poursuivi un moment leurs échanges dans la bonne humeur, ils s'engagèrent l'un vis-à-vis de l'autre à être dorénavant vigilants dans leur relation de couple. Désormais conscients que les non-dits tuent la communication. Et en finale le couple lui-même. Et la famille…

Cette vigilance ne demandait finalement pas tant d'efforts. Et ce dont ils étaient sûrs, c'est que le jeu en valait la chandelle !

Afin d'éliminer toute zone d'ombre potentielle et sans esprit vindicatif aucun, le voyageur profita de cette discussion pour informer son épouse du sentiment qu'il avait éprouvé en apprenant le décès de son père sur un morceau de papier.

Elle convint que ce n'était sûrement pas la manière la mieux appropriée de communiquer une telle nouvelle et demanda que son mari l'en excuse. Ce qu'il fit bien évidemment. Comme il l'avait deviné, elle avait souhaité l'informer le plus rapidement possible. C'est ce qu'il décida de retenir.

Lâcher-prise

Un peu plus tard, elle hésita néanmoins avant d'aborder avec lui le récent incident survenu en son absence.

La façade d'un mur de leur maison avait été vandalisée et recouverte de graffitis. Elle savait que la réparation des dommages coûterait cher et que cela tombait mal. Très mal.

Elle finit tout de même par lui en parler.

Avant sa transformation, son mari aurait réagi de manière erratique et émotionnelle à l'annonce d'une telle nouvelle. Il se serait mis en colère et en aurait parlé toute la journée. Pour sûr, il en aurait été affligé.

Mais cette fois, la réaction du voyageur fut tout autre. Bien sûr qu'il était contrarié par cet incident déplorable. Tout le monde le serait et malheureusement, les cas de vandalisme se multipliaient récemment. Actes gratuits pour ceux qui les commettaient, coûteux pour ceux qui en subissaient les effets.

Cependant, le voyageur réagit avec calme. Il pensa que de là où il était, il ne pourrait pas faire grand-chose sans venir gâcher le moment privilégié qu'il était en train de partager avec son épouse.

Fort de leur conversation précédente sur les non-dits, il lui expliqua son raisonnement et sa réaction, dans un souci de clarté.

Pour l'heure, il lui était important de ne pas gaspiller d'énergie pour des motifs qu'il ne jugeait pas prioritaires.

Bien entendu, il ferait ce qu'il convenait de faire le moment venu pour s'en occuper. Il y aurait *un temps pour* cela.

Sa femme resta pantoise devant l'aptitude nouvelle de son mari à prendre de la distance. Stupéfaite quant à cette soudaine capacité de lâcher prise.

Cette attitude l'encourageait à faire elle-même des efforts de son côté. Par souci de réciprocité. Par souci aussi de progresser et elle sentait qu'elle en avait besoin.

Le voyageur proposa à son épouse de l'accompagner en haut de la colline derrière l'auberge. Là où il avait immortalisé la mémoire de son père.

Elle fut très sensible à cette démarche. Encore un signe positif !

Puis ils rejoignirent tous deux le vieil homme à la canne.

La veille à la fin du dîner, ce dernier leur avait proposé de leur servir de guide au cours d'une promenade à cheval dans les environs. Il était ensuite prévu que l'épouse du voyageur reprendrait son train en fin de journée. Son mari la raccompagnerait à la gare.

Souhaitant profiter de ces moments précieux, c'est donc bien volontiers qu'ils avaient accepté la proposition d'excursion du vieil homme.

Douceur…

En fin de matinée, le couple se dirigea en direction de l'écurie de l'auberge, à l'heure convenue avec le vieil homme.

« Allons-y », leur dit-il, après qu'ils se furent préparés.

Une fois en selle, ils s'éloignèrent de l'auberge. Les trois chevaux marchaient au pas, en *file* indienne. Le vieil homme était en tête et le voyageur fermait la marche.

Ils repassèrent ensemble par les différents lieux que le vieil homme avait fait découvrir au voyageur au cours de leurs pérégrinations. Ce dernier se surprit à les redécouvrir maintenant sous un jour nouveau. Et cela lui plaisait.

Tout au long du chemin, le vieil homme prenait manifestement plaisir à jouer son rôle de guide et d'hôte, et à partager les richesses variées de sa région.

Il offrit au couple de nombreuses explications détaillées sur la faune, la flore ainsi que sur la topographie des alentours.

De toute évidence, il possédait une connaissance très approfondie de l'écosystème local. Une connaissance qu'il indiqua avoir acquise à travers sa pratique du terrain et son goût pour l'étude et la lecture.

Le vieil homme semblait en parfaite osmose avec la vie environnante, sous toutes ses formes. Il faisait partie de cet endroit et semblait lui porter beaucoup de respect.

Le voyageur et son épouse notèrent la douceur particulière qui émanait de ce vieil homme. Autant avec les personnes, les animaux, les plantes qu'avec les objets. Et plus généralement tout ce qui l'entourait.

Cette douceur du vieil homme semblait totalement en harmonie avec celle de cette région sauvage. Il respirait l'équilibre ! La région aussi.

« Tu t'imagines vivre dans un endroit comme celui-ci ? »

La question posée par son mari le matin même au réveil lui revenait en mémoire.

Séduite par ces paysages magnifiques, elle en serait presque venue à lui poser elle-même la question. S'il ne l'avait pas fait un peu plus tôt. Et cette pensée la surprit, elle qui aimait tant l'endroit où elle vivait.

Observant l'horizon, l'épouse du voyageur éprouvait des émotions partagées à la vue de ces lieux imprégnés de mystère. Elle ne pouvait que tenter d'imaginer ce que son mari y avait découvert. Elle sentait, en tout cas, qu'il régnait ici une profonde atmosphère d'authenticité. Une atmosphère qui la toucha beaucoup.

Le vieil homme, désireux de laisser au couple un espace d'intimité dans ce lieu propice, s'éloigna un moment.

De leur côté, le voyageur et son épouse, qui s'étaient rapprochés, s'avancèrent au pied de la montagne, toujours à cheval.

Le voyageur leva les yeux fixement vers le sommet. Il resta en silence. Elle le remarqua.

Ils descendirent de cheval puis il lui chuchota quelque chose au creux de l'oreille. Elle semblait émue.

L'instant était doux...

...Exigence...

Un peu plus tard, le vieil homme les avait rejoints au pied de la montagne.

« Passez-vous un moment agréable ? demanda-t-il au voyageur et à son épouse.

— Merveilleux ! répondit l'épouse. Nous sommes ravis d'être ici.

— Même si je suis à vos côtés depuis quelque temps, dit le voyageur au vieil homme, vous ne cessez de me surprendre par votre habitude d'aller au fond des choses. Tant dans votre connaissance de la nature, que dans votre hospitalité ou votre manière de gérer l'auberge. Ou même sur le fil. »

Le vieil homme semblait apprécier la satisfaction évidente du couple. Elle était sa meilleure récompense.

« Je me souviens qu'au début de notre rencontre, poursuivit le voyageur, vous m'aviez dit être exigeant, mais je ne mesurais pas à quel point !

— Qu'entendez-vous par là ?

— Je vous ai observé, tout à l'heure, lorsque vous faisiez les préparatifs avant notre promenade. Et vous ne laissiez aucun détail de côté, que ce soit avec les chevaux, le matériel...

— Vous auriez fait la même chose à ma place, répondit le vieil homme en s'adressant au voyageur, conscient aussi qu'il importait de ne pas dévaloriser ce dernier aux yeux de son épouse.

— Je vous remercie de votre confiance, mais je n'en suis pas si sûr...

— Vous savez, l'exigence est un état d'esprit. Comme vous avez pu le constater vous-même sur le fil. Tout détail a son importance.

— C'est bien vrai. Malheureusement, les détails sont bien souvent laissés de côté, de nos jours. Peut-être parce que nous avons tendance à vouloir faire trop de choses en même temps, à nous éparpiller.

— Vous faites bien de parler d'éparpillement, poursuivit le vieil homme. Il est fréquemment une source de médiocrité. Difficile d'être bon dans tous les domaines, surtout au même moment !

— Et l'éparpillement est peut-être également une source de superficialité, compléta le voyageur. C'est tout le problème du zapping, par exemple ! »

Son épouse écoutait attentivement la conversation et semblait réfléchir à sa propre situation.

Le voyageur poursuivit :

« Je dois admettre que, contrairement à l'ambiance accueillante qui règne à *l'Auberge de la Bonne Étoile*, la médiocrité et la superficialité ne semblent pas, elles, y être les bienvenues !

— En effet, car c'est tout aussi important pour les hôtes de l'auberge que pour moi, lui répondit le vieil homme. Je fais de l'exigence une affaire personnelle et j'invite mes employés à faire de même. »

Puis il ajouta sur un ton facétieux :

« Et jusqu'à présent, nos hôtes ne semblent pas s'en plaindre...

— Effectivement, ce n'est pas moi qui vous contredirais sur ce point ! » s'exclama le voyageur.

Son épouse avait continué de réfléchir et prit la parole :

« Mais alors, pourquoi avons-nous généralement tant de mal à faire les choses *comme il faut* ?

— Peut-être simplement parce qu'il est toujours plus commode d'aller vers la facilité que vers la difficulté, répondit le vieil homme. Mais allez expliquer à un pompier qu'il peut se permettre de ne pas éteindre un feu jusqu'au bout !

— Ou encore à un équilibriste qu'un centimètre ne fait aucune différence ! » compléta le voyageur avec entrain.

De son côté et en relation avec cette discussion, l'épouse expliqua qu'elle avait récemment vu un reportage qui l'avait fortement marquée :

Sur un gros avion de ligne, il avait suffi d'une petite vis remplacée par une autre apparemment identique, pour que plusieurs années après, une catastrophe aérienne s'ensuive...

Il s'était avéré que la vis de remplacement était d'une taille très légèrement différente !

Cette « petite différence » avait coûté la vie à de nombreuses personnes. Une erreur de contrôle catastrophique qui aurait pu être évitée..., disait le reportage.

« Encore un cas regrettable de négligence, d'approximation, fit le voyageur. Force est de constater que cela arrive dans de nombreux domaines tous les jours. Heureusement pas toujours avec les mêmes conséquences dramatiques... »

Ce sujet tenait particulièrement à cœur au vieil homme, qui y avait beaucoup réfléchi. Il dit :

« Les cas isolés de négligence ont toujours existé et existeront vraisemblablement toujours. C'est un fait. En revanche, ce qui deviendrait franchement préoccupant serait de laisser ces cas isolés se généraliser. Ce faisant, lesdits cas deviendraient paradoxalement la norme de référence et la qualité deviendrait l'exception. Ce qui serait un comble et un signe que le monde marcherait à l'envers !

— Vous croyez que c'est ce qui est en train de se produire en ce moment ?

— J'ai tendance à le penser, en effet, comme cela s'est d'ailleurs produit à de multiples reprises au cours de l'Histoire. Avec les résultats que l'on sait... L'Humanité ne cesse de reproduire les mêmes erreurs au *fil* du temps, mais semble chaque fois les oublier. Telle une alternance permanente entre équilibres et déséquilibres, déséquilibres et équilibres...

— Peut-on, selon vous, infléchir le cours des choses ? demanda le voyageur, préoccupé par cette perspective peu réjouissante.

— Penser qu'on ne pourrait pas infléchir le cours des choses tiendrait du fatalisme et inciterait à l'immobilisme. Je suis de ceux qui considèrent que l'avenir et l'équilibre se construisent chaque jour. La médiocrité n'est pas une fatalité.

— Et comment lui faire barrage, dans ce cas ?

— Par l'éducation d'abord, répondit le vieil homme de but en blanc. L'exigence dont nous parlions plus tôt se transmet avant tout par l'éducation. Par exemple en apprenant aux enfants à toujours aller au fond des choses, à avoir de la suite dans les idées pour s'assurer que rien n'a été laissé de côté : la petite vis de l'avion dont vous parliez tout à l'heure, madame...

— Mais les enfants sont-ils en mesure d'être réceptifs à cette exigence ? » questionna l'épouse, cherchant réponse à des questions qu'elle s'était déjà posées.

Le vieil homme la regarda bien en face et lui dit :

« Les enfants, et ce n'est pas moi qui l'invente, sont souvent beaucoup plus réceptifs à la notion d'exigence qu'on ne le pense. Et nous remercient plus tard de la leur avoir inculquée, contrairement à ce que beaucoup imaginent.

— Cette réceptivité de la part des enfants ne me semble pourtant pas si évidente ! J'ai parfois bien du mal avec les miens, commenta l'épouse qui restait perplexe.

— J'en conviens, observa le vieil homme. La réceptivité n'est pas égale d'un enfant à l'autre, ce qui suppose une pédagogie adaptée à chacun. Un enfant, comme un adulte d'ailleurs, a besoin qu'on lui explique le pourquoi de l'exigence pour qu'il en comprenne le bien-fondé et les bienfaits pour pouvoir y adhérer.

— Et comment savoir si l'on utilise la bonne approche ou pas ? demanda l'épouse.

— Je ne vous surprendrai pas en disant que là comme ailleurs, l'équilibre doit être respecté, fit le vieil homme en esquissant un sourire. Je m'explique :

- Trop d'exigence ne passe pas. C'est *trop* exigeant !
- Pas assez d'exigence ne passe pas non plus, car la médiocrité engendre toujours plus de médiocrité. C'est une spirale infernale !

« Dans un cas comme dans l'autre, il y a déséquilibre.

« Donc, pour répondre à votre question, nous devons sans cesse doser le degré d'exigence demandé en pensant en termes d'équilibre. Puis faire au mieux en composant en permanence.

« C'est un domaine délicat dans lequel nous devons nous abstenir de toute certitude et nous méfier de la projection sur l'autre de nos propres interprétations. »

Le couple voyait dans les propos du vieil homme un message d'espoir et se dit qu'il leur appartenait d'apprendre à jongler avec les nuances de l'équilibre.

En faisant de leur mieux. En fonction de leur sensibilité propre et de celle de leurs enfants.

Après un moment, le vieil homme sortit son petit carnet personnel. Puis il ajouta :

« Je pense que vous serez intéressés de découvrir l'approche de *L'Équilibriste* au sujet de l'exigence. Regardez, c'est simple :

VISION DE SOI-MÊME (notre réalité)	**RÉSULTAT EFFECTIF (la réalité)**
Très bon	Bon
Bon	Moyen
Moyen	Médiocre
Médiocre	Catastrophique

Le vieil homme expliqua :

« Souvent, lorsque l'on se "voit" très bon, on obtient au mieux un bon résultat. Pas un très bon résultat.

« Ou encore, lorsque l'on se "voit" bon, on obtient au mieux un résultat moyen. Pas un bon résultat.

« Et ainsi de suite...

« Par extension, poursuivit le vieil homme afin d'illustrer *l'approche exigeante de L'Équilibriste*, pour avoir une chance d'être très bon, si tant est que ce soit notre objectif, alors il convient de viser l'excellence. "Le geste parfait".

« Toute autre attitude mène, de manière insidieuse, à des résultats généralement peu satisfaisants.

— En vous écoutant, je me demande toutefois si cette approche n'est pas trop élitiste », remarqua l'épouse du voyageur.

Celle-ci était interpellée par le raisonnement du vieil homme qui répondit :

« Élitiste, peut-être. Mais pensez-vous qu'être exigeant soit *trop* élitiste ?

— C'est sans doute une question de point de vue, répondit-elle.

— Une question de point de vue ? Repensez un instant à la vis de l'avion dont vous parliez. Pensez-vous que l'on puisse, *d'emblée*, accepter ou tolérer ce type d'erreurs ?

— L'accepter *d'emblée* ? Non, certainement pas ! acquiesça le couple à l'unisson.

— Ces manquements sont fréquemment appelés erreurs humaines. Trop souvent, malheureusement, ils masquent de la négligence et du laisser-aller de la part de tous. Une espèce de médiocrité ambiante qui se développe si l'on n'y prend pas garde.

— Mais comment limiter cette médiocrité ambiante ? demanda l'épouse.

— Par exemple, en développant le réflexe de l'autocontrôle, dit le vieil homme. Autrement dit, habituer chacun à se responsabiliser jusqu'au bout de sa tâche, quelle qu'elle soit. »

Le vieil homme précisa :

« Bien entendu, commettre des erreurs est humain et ne pourra jamais être totalement évité. Mais force est de constater que la médiocrité, lorsqu'on la tolère, ne produit jamais de grands résultats ni de satisfaction véritable.

« Notamment sur la durée. Car c'est bien *dans la durée* que l'équilibre et l'excellence se construisent. »

Il poursuivit son raisonnement :

« Par ailleurs, pour revenir à votre question sur l'élitisme, il ne s'agit pas de nous fixer, à nous-mêmes ou aux autres, des objectifs inatteignables. Ni de nous attendre à ce que tout le monde parvienne au sommet des sommets. Ce serait bien entendu irréaliste.

« Mais la question est bien plutôt que chacun de nous tende vers son *propre sommet.*

« En fonction de ses propres aspirations.

« De ses propres capacités.

« De sa propre motivation.

« Vous êtes d'accord ? »

À ces mots, l'épouse du voyageur se fit la réflexion que le vieil homme avait de l'équilibre et de l'excellence une conception finalement fort réaliste et saine. Pas *trop* élitiste.

« Je dois admettre, lui dit-elle, que votre approche est pleine de bon sens. Et pour tout dire, c'est une approche que je partage. Mais ne peut-elle pas produire certains excès ? »

Ce fut le voyageur, enthousiaste, qui répondit à cette question :

« Bravo pour ta question, ma chérie, je la trouve parfaitement justifiée ! Je crois que si chacun d'entre nous reste *en permanence* attentif au *respect des équilibres,* alors les excès auxquels tu fais référence s'élimineront d'eux-mêmes. Autrement dit, pas d'excellence sans équilibre ! »

Le vieil homme n'avait rien à ajouter. Tout était dit. Il se délectait de constater que le disciple se muait progressivement en maître...

Tous trois continuèrent à profiter de l'environnement exceptionnel.

Après avoir pique-niqué, le voyageur demanda au vieil homme s'il accepterait qu'ils aillent tous ensemble à *l'Antichambre.*

Celui-ci agréa, comprenant l'impatience du voyageur de partager le secret de cet endroit symbolique avec son épouse.

Ils remontèrent à cheval et se mirent au trot.

Découvrir la nature en étant si proches d'elle était un vrai plaisir des sens. Les chevaux progressaient avec élégance, en harmonie avec le paysage.

Soudain, le vieil homme, qui avait pour habitude de scruter l'horizon, remarqua de la fumée au loin. Près de la forêt.

… et fermeté

L'attitude du vieil homme changea subitement. Tous les sens en éveil, son regard s'était durci. D'un coup.

Il pressa le couple de le suivre, un peu en retrait, pour rejoindre l'endroit d'où semblait venir la fumée.

Et partit devant au galop, d'une traite.

Le couple à cheval avait dû accélérer le rythme.

Arrivé sur place, le vieil homme vit un groupe de personnes autour d'un feu de camp manifestement improvisé, en plein milieu d'une zone interdite.

L'ambiance semblait festive. Le groupe ne prêta guère attention au vieil homme.

Ce dernier descendit rapidement de cheval et se dirigea vers le groupe d'un pas déterminé.

Le couple, toujours en retrait, était arrivé sur place et observait la scène.

Le vieil homme demanda au groupe qui était leur responsable. Une personne se manifesta, à qui il s'adressa d'abord directement.

Le couple n'entendit pas la conversation, mais n'en constata pas moins les résultats : en quelques instants seulement, plusieurs personnes du groupe s'affairèrent à éteindre le foyer avec les moyens du bord. Tant bien que mal.

Le commandement du vieil homme était sans appel. Non négociable !

Il en allait de la sécurité du groupe, et de la nature. Et on ne plaisantait pas avec ces choses-là.

Mais le plus surprenant fut que cette situation tendue, qui aurait pu dégénérer rapidement en conflit, fut réglée sans violence. Même pas verbale. Elle fut pourtant traitée avec une redoutable efficacité.

La méthode employée par le vieil homme avait pris la forme d'un véritable exercice de style de l'équilibre : après avoir d'abord fait preuve d'une grande fermeté que le voyageur ne lui connaissait pas encore, mais qui fut instantanément efficace, le vieil homme avait réuni tout le groupe.

Puis il avait pris le temps de s'adresser respectueusement aux uns et aux autres. De répondre à leurs questions. Et de leur expliquer les dangers de tels feux.

Et il semblait en savoir quelque chose.

Puis il avait remercié et salué le groupe, avant de rejoindre le voyageur et son épouse.

Le vieil homme demanda ensuite au couple de bien vouloir l'excuser de les avoir temporairement abandonnés. Puis par souci de transparence, il leur expliqua les détails de ce qui venait de se passer.

Et finit en disant :

« On ne joue pas avec le feu ! »

Le couple, bien entendu, excusa le vieil homme.

La scène à laquelle ils avaient assisté portait en elle-même un puissant enseignement.

Ils venaient de découvrir, sans le savoir, une des clés fondamentales de l'équilibre :

Adopte toujours l'attitude ***juste,***
en fonction des circonstances.

De la douceur à la fermeté… En passant par l'exigence !
La *vraie* force était bien là.
À cheval, ils reprirent tous trois le chemin de *l'Antichambre*.
Peu de temps après, ils étaient devant le fil.

La *bonne* hauteur

L'épouse du voyageur, qui découvrait pour la première fois *l'Antichambre*, fut fascinée par le mystère qui semblait entourer ce lieu.

« Puis-je savoir pourquoi cet endroit s'appelle *l'Antichambre* ? demanda-t-elle, curieuse, au vieil homme.

Le voyageur, en entendant son épouse poser cette question, fut un peu gêné. Il réalisa qu'il ne connaissait pas lui-même la réponse. Il pensa qu'il aurait été approprié que ce soit lui qui exprime cette demande plus tôt.

« Comme j'ai eu l'occasion de l'expliquer à votre mari lorsqu'il est venu ici pour la première fois, dit le vieil homme, la pratique de l'équilibre m'a souvent aidé dans la vie. Elle représente, en quelque sorte, un art de vivre.

— Mais cela ne répond pas à ma question, reprit poliment l'épouse du voyageur.

— J'allais y venir. Confronté très tôt à des déséquilibres, c'est parce que je me suis rapidement aperçu des bienfaits de cultiver l'équilibre que j'ai décidé de lui consacrer une pratique quotidienne. Sur le fil comme dans la vie. »

Après une pause, il continua :

« D'où le terme d'*Antichambre* : un lieu privilégié d'entraînement et de préparation à l'équilibre. Pour être toujours prêt dans la vie.

— Ah, je comprends mieux à présent, répondit l'épouse du voyageur. Vous semblez décidément être un fervent adepte de l'équilibre.

— Effectivement. Je considère que c'est une noble cause. »

Le voyageur, lui, écoutait activement.

Cette révélation du vieil homme sur le pourquoi de *l'Antichambre* clarifiait encore bien des choses pour lui.

Peu après, il demanda :

« Accepteriez-vous de refaire, devant mon épouse, le numéro extraordinaire que vous avez exécuté devant moi la première fois que je suis venu ici ? »

Le vieil homme, qui ne souhaitait pas se produire en spectacle, remercia le voyageur de sa proposition qu'il déclina néanmoins aimablement. Il répondit :

« Je crois que votre épouse serait plus intéressée de vous voir vous, plutôt que moi, ne croyez-vous pas ? »

Malgré son récent exploit, le voyageur dont l'équilibre manquait encore d'assurance, ne souhaitait pas se ridiculiser.

À plus forte raison devant son épouse.

Toutefois, une preuve de courage s'imposait, surtout à ce stade de son développement. Il se résolut finalement à accepter la *perche* que le vieil homme lui tendait.

Il demanda à ce dernier :

« À quelle hauteur dois-je fixer le fil ?

— C'est à vous de choisir.

— Difficile à dire. Je ne sais pas jusqu'à quelle hauteur je suis capable de reproduire la traversée.

— Vous êtes le seul à pouvoir déterminer la hauteur de vos ambitions. Souhaitez-vous tenter de reproduire la même chose ? Élever la hauteur du fil ? Ou au contraire, la baisser ?

— Si je comprends bien, j'ai le choix entre essayer de me maintenir. Relever le challenge de l'étape supérieure. Ou au contraire, assurer mes arrières. C'est bien cela ?

— Oui, vous l'avez bien résumé. »

L'épouse du voyageur partageait les doutes de son mari quant à l'option qu'elle privilégierait si elle était à sa place.

D'un côté, le risque de chercher à se maintenir existait. Il s'agissait d'être capable de reproduire l'existant. Une situation plus ou moins confortable et déjà pas si simple.

D'un autre, le risque s'élevait en passant à l'étape supérieure. Plus de hauteur, plus de danger. Mais plus de hauteur, plus de récompense aussi.

Quant à la troisième option, en réduisant la hauteur, le risque était moindre. La récompense aussi. Une régression en quelque sorte.

Elle était fascinée par les similitudes frappantes qui existaient entre les comportements sur le fil et dans la vie.

Voyant son mari en proie au doute, elle aurait été tentée de l'aider à trancher, bien qu'elle-même était renvoyée à ses propres doutes.

Elle s'abstint. Elle n'était pas à la place de son mari.

Le voyageur, lui, était nerveux. Il commençait à se demander si faire venir son épouse à *l'Antichambre* avait été une si bonne idée. Pas sûr.

Et pourquoi avait-il soulevé la question de la hauteur, en s'exposant potentiellement en présence de personnes qui comptaient à ses yeux ?

Mais pourquoi regretter maintenant ?

Avait-il peur de quelque chose ?

Et que risquait-il vraiment, en finale ?

Comme son épouse le fit de son côté, mais sans qu'il en ait conscience, il prit quelques instants pour y réfléchir, sans précipitation.

En maintenant le fil à son niveau précédent, il risquait au pire de tomber. Bon, cela pouvait arriver. N'oublions pas qu'il était novice en la matière.

En élevant le niveau du fil, soit il réussissait et la prouesse serait superbe. Soit, il échouait et il s'en sortait tout de même la tête haute pour avoir relevé le challenge. À moins que l'orgueil ne prenne le dessus !

Mais en abaissant ce niveau, il comprenait qu'aucune sortie vraiment honorable ne l'attendait. Qu'il réussisse ou non.

Mince ! Tout se jouait finalement non pas dans l'issue de la traversée, mais dans la manière d'affronter l'enjeu, et donc le danger dès maintenant.

C'était la décision qu'il allait prendre tout de suite qui donnerait la tonalité de sa prestation.

Lui revint alors en mémoire cette fameuse maxime disant : *« À vaincre sans péril, on triomphe sans gloire. »*

Il devait donc faire mieux que la fois précédente.

À cette étape, la seule décision qui s'imposa à lui était par conséquent d'élever le niveau du fil. Non pas par orgueil ni pour son ego. Mais d'abord parce qu'il ne pouvait envisager de se juger au rabais. Question d'estime de soi !

Ce fut la décision qu'il prit.

Il demanda aimablement à son épouse ainsi qu'au vieil homme de bien vouloir le laisser un moment afin de se préparer. Ce qu'ils firent.

Puis une fois prêt, il les rappela et se dirigea vers le fil qu'il ne put cette fois prendre entre ses doigts compte tenu de la hauteur.

Il monta le long de l'échelle de corde, qui lui était devenue familière.

Puis sans hésiter, il lâcha l'arbre et engagea la traversée.

Son épouse, elle, l'observait et n'en croyait pas ses yeux. Était-ce bien son mari qu'elle voyait là, en équilibre ?

L'épreuve fut difficile, avec des moments périlleux.

Malgré tout, le voyageur réussit cette traversée du fil à une hauteur supérieure à celle de ses précédentes traversées.

Une fois à l'autre bout, il chercha le regard de son épouse.

Sous l'émotion et rassurée à la fois, elle avait les larmes aux yeux. Des larmes pleines de signification pour ce couple retrouvé.

Un peu plus tard, le retour à cheval vers l'auberge fut un moment intense et joyeux.

À peine arrivés, il était déjà l'heure de se préparer pour que le voyageur raccompagne, comme prévu, son épouse à la gare.

Tous deux s'étaient mis d'accord pour qu'il passe encore quelque temps à l'auberge, afin de poursuivre son apprentissage de l'équilibre auprès du vieil homme. Elle en comprenait maintenant tout le sens et l'encouragea.

Avant de partir, elle le remercia et le salua chaleureusement. Elle sentait qu'elle lui devait beaucoup.

De son côté, le vieil homme remit deux copies de la *méthode de L'Équilibriste* au voyageur. Une pour lui, une pour son épouse. Une lecture à méditer dans le train, précisa-t-il.

Plus tard, l'épouse dans le train et le voyageur revenu dans sa chambre à l'auberge lurent simultanément la *méthode de L'Équilibriste* plusieurs fois.

Éloignés par la distance mais très proches par la pensée, ils cherchaient tous deux à s'imprégner des principes de cette méthode.

Ils avaient entre les mains une véritable philosophie de vie. La *fil*osophie de *L'Équilibriste*.

LA MÉTHODE DE L'ÉQUILIBRISTE

- Détermine clairement ce que tu rêves d'accomplir.
- Vérifie scrupuleusement que ton rêve ne porte pas préjudice à l'équilibre général. Sinon rectifie-le !
- Visualise-le et imprègne-t'en.
- Agis ensuite, sans relâche, pour transformer ton rêve en réalité.
- Vérifie si la réalité obtenue t'apporte la satisfaction espérée. En harmonie avec l'équilibre général.
- **Si oui**, réjouis-toi et célèbre ! Partage les fruits de tes accomplissements. Élève ensuite le niveau du fil et définis quel sera ton prochain rêve.
- **Sinon**, efforce-toi de comprendre la situation et les raisons du décalage. Rectifie le tir et agis à nouveau sans relâche pour concrétiser ton rêve. Toujours en harmonie avec l'équilibre général.
- Partage la *méthode de L'Équilibriste* avec le maximum de gens autour de toi. L'équilibre général ne s'en portera que mieux.

Richesse et satisfaction

Le lendemain matin, les deux hommes se retrouvèrent pour le petit déjeuner. Entre *Équilibristes* !

Fort des développements de la veille, qui dépassaient ses espérances, le voyageur fit part au vieil homme de sa détermination à rebondir dans la vie. Et à changer définitivement pour le meilleur.

Dans sa soif d'apprendre et de comprendre, il lui demanda :

« La *méthode de L'Équilibriste* n'est-elle pas aussi un formidable moyen de développer sa richesse ?

— Elle l'est certainement, lui répondit simplement le vieil homme, sa canne à côté de lui.

— Pensez-vous vraiment que je pourrais devenir riche en l'appliquant ?

— Mais riche, vous semblez déjà l'être ! dit le vieil homme en souriant.

— Nous ne parlons peut-être pas de la même richesse. Je parlais d'argent...

— J'avais bien compris, dit le vieil homme facétieux. Même si je ne peux m'empêcher de penser spontanément à d'autres aspects de la richesse...

— J'ai bien conscience que la richesse dépasse les questions d'argent, dit le voyageur comme pour se dédouaner. Alors, pardonnez-moi si je vous semble vénal, mais je suis tout de même intéressé de savoir, notamment à la suite de mon licenciement, si la *méthode de L'Équilibriste* pourrait me rendre plus riche. J'entends, en espèces sonnantes et trébuchantes...

— Sans doute. Et cela vous satisferait-il ?

— Oui, bien sûr, cela changerait sûrement ma vie.

— Je comprends bien, dit le vieil homme d'un air entendu. Je trouve d'ailleurs plutôt sain et légitime de souhaiter voir sa richesse financière se développer... »

Il prononça cependant ces quelques mots en semblant retenir une partie de son message. Il poursuivit :

« À partir de quel moment vous sentiriez-vous riche, d'après vous ?

— Difficile à dire. Je suppose que plus j'aurais d'argent, mieux je me porterais.

— Dois-je comprendre que vous êtes loin de bien vous porter ? s'amusa le vieil homme qui semblait tester le voyageur.

— Non, pas vraiment. Simplement, la richesse me semble si loin de ma réalité actuelle...

— Et vous en souffrez ?

— D'une certaine manière, oui. Je crois que cela génère chez moi une certaine frustration. Et je dirais même une frustration de longue date.

— Oui, comme tout ce à quoi l'on aspire et que l'on n'a pas encore, ajouta le vieil homme avec un air de sagesse. Ce fameux sentiment d'insatisfaction... »

Le voyageur se fit la réflexion qu'il semblait décidément marqué par cette insatisfaction presque chronique chez lui. Il répondit :

« Vous avez raison, c'est bien de l'insatisfaction que je ressens. J'ai toujours pensé que j'aimerais être riche, très riche même, et plus j'avance dans la vie, moins j'ai l'impression que cela deviendra un jour une réalité.

— Je comprends. D'où le sentiment de frustration auquel vous faisiez allusion.

— Exactement. Ce qui est étrange, cependant, c'est que je me sens tantôt très frustré, tantôt très stimulé par ce besoin de richesse. Et cela m'épuise…

— Alterner des pics de frustration et des pics de stimulation est en effet épuisant, pour tout le monde, car cela consomme une grande partie de notre énergie. Dans le domaine financier comme dans tout autre, en l'occurrence.

— C'est vraiment ce que je ressens, en effet.

— En tant qu'*Équilibriste*, on considère avec prudence ces pics, car ils constituent autant de dangereuses oscillations qui peuvent nous déséquilibrer et nous conduire à la *chute*. Même pour le plus résistant d'entre nous. »

Profitant jusque-là du copieux petit déjeuner, le voyageur fit alors une pause. Une expression d'inquiétude pouvait se lire sur son visage. Il demanda au vieil homme :

« Pourquoi, d'après vous, ressentai-je ce besoin de plus de richesse qui finalement m'épuise ?

— Il n'est pas sûr que le problème doive être posé ainsi. Comme nous le disions plus tôt, que vous aspiriez à plus de richesse est tout à fait légitime, aucunement répréhensible en soi. C'est votre sentiment de frustration qui fait problème. Une frustration qui, avec le temps, risque de grandir et de vous aigrir. Ce qui est malsain. Encore un boulet !

— Mais alors, comment se débarrasser de cette frustration ?

— Bonne question. Sur le plan pratique, apprenez d'abord à définir ou réévaluer quels sont vos besoins réels et ensuite, ce qui va être nécessaire en termes financiers pour satisfaire ces besoins.

— C'est tout ? demanda le voyageur, dubitatif.

— Pas tout à fait ! Apprenez à vous sentir à l'aise dès maintenant, avec ce que vous avez. Pour ensuite considérer tout ce que vous voudriez acquérir en plus comme du bonus. Vous verrez, c'est très efficace pour faire disparaître la frustration.

— Ce n'est pas un peu simpliste, tout de même ?

— Simpliste, pas nécessairement. Mais sans doute plus simple que nous pourrions l'imaginer. Toute satisfaction ou insatisfaction est d'abord mentale, rappelez-vous. Méfions-nous de ne pas alimenter sans cesse de nouveaux besoins, car ils sont autant d'appâts pour attirer la frustration.

— Je crois le comprendre, à présent », dit le voyageur.

Le vieil homme poursuivit :

« Il est amusant d'observer que nos besoins semblent souvent augmenter mécaniquement, voire de manière exponentielle, avec l'acquisition de nouvelles richesses. Comme si l'on oubliait nos besoins initiaux, plus modestes.

« Vous voulez dire que nous en voulons toujours plus, c'est cela ?

— Parfaitement. Et voyez-vous le risque qui se profile derrière ce besoin de toujours plus ?

— Bien sûr, celui de la dépendance, répondit le voyageur sans hésiter.

— Et lorsque la dépendance s'installe, la souffrance s'installe aussi. On l'oublie trop souvent...

— La richesse induit-elle la dépendance, d'après vous ?

— Cela dépend uniquement de notre capacité à prendre le recul nécessaire par rapport à cette richesse qui, somme toute, sera toujours une notion très relative. Au moment où l'on savoure quelque chose, il faut pouvoir se dire en même temps que l'on pourrait s'en passer. On ne le savourera que davantage...

— Parole d'*Équilibriste*, j'imagine ! répondit le voyageur qui retrouvait le sourire après son moment d'inquiétude.

— Parole d'*Équilibriste* ! Et ce n'est pas l'argent en lui-même, mais le rapport que l'on entretient avec lui qui importe. Un rapport qui doit être sain.

— Alors qu'est-ce qui serait un rapport malsain ?

— Vous savez, dit le vieil homme, le rapport à l'argent peut être malsain de diverses manières : à travers l'avidité, l'avarice, la corruption, pour n'en citer que quelques-unes. Il importe d'être clair avec soi-même sur la manière dont on acquiert l'argent et dont on l'utilise.

— Et comment savoir si l'on est clair avec soi-même ?

— En dehors des aspects touchant à la légalité qui peuvent impliquer notre responsabilité directe, dans le cas de malversations par exemple, c'est à travers un sentiment intime qu'on peut le savoir. On est clair avec soi-même lorsque notre conscience est claire et que l'on peut ressentir une paix intérieure.

— Je crois que je comprends mieux, à présent. C'est ainsi, et seulement ainsi, que l'argent peut devenir une vraie source de satisfaction, n'est-ce pas ?

— Très juste. La *façon* dont notre argent a été obtenu et les *intentions* que nous prêtons à cet argent sont déterminantes. Encore une question d'équilibre !

— Et pourtant, je connais certaines personnes qui possèdent de l'argent obtenu de manière douteuse et qui semblent néanmoins bien en profiter ! rétorqua le voyageur, qui voyait là une injustice qui avivait sa frustration.

— C'est bien possible, lui répondit calmement le vieil homme. Mais pour quelle satisfaction *véritable*, selon vous ?

— Aucune idée, je ne suis pas à leur place ! Je dirais que ces personnes n'ont pas l'air insatisfait. À les voir, elles ne me semblent ni malheureuses ni avoir des états d'âme par rapport à cela !

— Ne pas avoir l'air insatisfait ne suffit pas à ressentir de la satisfaction *véritable* ! » dit le vieil homme avec nuance.

Le voyageur sentait bien que l'échange avec le vieil homme prenait une tournure de plus en plus profonde. Ce qui n'était pas pour lui déplaire d'ailleurs. À condition toutefois de suivre le raisonnement jusqu'au bout !

« J'entends bien ! fit-il. Pour revenir sur ce que vous disiez précédemment, ces personnes ayant obtenu de l'argent de manière douteuse ne devraient pas avoir la conscience claire ni la paix intérieure, c'est bien cela ?

— Je dirais que dans leur cas, l'argent peut générer des satisfactions diverses et de toutes natures. Sur le moment et en apparence. Mais pas de satisfaction *véritable*, même si ces personnes font tout pour prouver et se prouver le contraire, à travers maints artifices. Un comportement pour le moins dangereux, pour elles-mêmes et pour la société.

Le voyageur écoutait avec beaucoup d'attention et prit une grande inspiration.

Tous ces enseignements, qui s'ajoutaient aux précédents, étaient non seulement à méditer, mais à appliquer. Au plus vite.

Les deux hommes avaient terminé leur petit déjeuner.

Pour la première fois depuis leur rencontre, c'est ensemble qu'ils formulèrent les pensées suivantes que le voyageur retranscrivit sur son carnet :

INSPIRE PAR L'EXEMPLE !

Sois authentique et intègre. Sans non-dits.

Apprends à lâcher prise.

Sois doux quand il le faut,
ferme quand il le faut. Et exige,
de toi-même d'abord, le meilleur en tout.
Dans le respect de l'équilibre général.

Construis ta richesse dans l'équilibre
et en recherchant la satisfaction *véritable*.

Quelque temps après…

La foire

Sous un soleil radieux, au milieu d'une foule épaisse, bruits, couleurs et odeurs venaient s'entremêler dans une agitation générale.

On ressentait une énergie presque contagieuse au milieu de la fébrilité ambiante. C'était le jour de la grande foire aux produits du terroir.

À diverses occasions auparavant, et plus récemment avec l'aide du voyageur, le vieil homme s'était affairé à effectuer les préparatifs en vue de cet événement important.

Là encore, comme sur le fil, chaque détail comptait.

Le vieil homme apportait donc un soin tout particulier à la confection des produits d'une large variété qu'il destinait à cette grande fête régionale.

Après avoir disposé méticuleusement une partie de ses productions sur le stand, à l'endroit qui lui était réservé entre deux arbres, le vieil homme et le voyageur entamèrent la discussion :

« Pourquoi avoir choisi cet emplacement précis pour présenter vos produits ? demanda le voyageur.

— Si vous me le demandez, c'est que vous en avez vraisemblablement une petite idée, non ? répondit le vieil homme par une autre question, après avoir posé sa canne à proximité.

— En effet, mais je n'en étais pas certain. Ce lieu me fait étrangement penser à *l'Antichambre.* »

En confirmant de la tête avec un air complice, le vieil homme relia les deux arbres par un fil. Cette fois, c'était pour y suspendre quelques-unes de ses réalisations artisanales !

Décidément, l'équilibre ne semblait jamais le quitter ! Il faisait totalement partie de lui.

Dès leur arrivée à la foire, très tôt, puis tout au long de la journée, le vieil homme fut très sollicité.

Au milieu du bain de foule où il avait de multiples connaissances, ses mains ne cessèrent d'en serrer d'autres. Il s'adressait à chaque personne par son prénom et prenait le temps, chaque fois qu'il le pouvait, d'échanger quelques mots avec ses interlocuteurs.

« Mais tout le monde vous connaît, ici ! » lui lança le voyageur impressionné.

En y pensant, c'était la première fois que ce dernier découvrait la popularité du vieil homme.

Sans répondre mais en lui adressant simplement un regard entendu empreint d'humilité, il poursuivit son travail. Très concentré.

Plus tard, à l'occasion d'un moment plus calme qui correspondait à l'heure du repas pour les visiteurs, le vieil homme en profita pour faire la connaissance d'un nouvel exposant, sur un stand situé non loin.

Ils échangèrent un moment.

Puis son voisin lui enseigna une nouvelle technique de fabrication en lien avec sa spécialité.

Ravi de cette rencontre et content de pouvoir à son tour partager une de ses créations, le vieil homme lui offrit un objet qu'il avait récemment réalisé.

Il le salua ensuite chaleureusement, avant de retourner à son emplacement.

Entre deux visiteurs, le voyageur ne put s'empêcher de dire au vieil homme :

« Vous êtes vraiment quelqu'un d'étonnant !

— Je vous remercie. Mais vous savez, c'est vous que je trouve étonnant. Vous êtes plein de ressources et vous avez appris beaucoup en peu de temps...

— Cela me fait plaisir, indiqua le voyageur sensible à ce compliment qui l'encourageait. Je ne sais pas pourquoi, mais c'est à l'occasion du dîner de célébration avec mon épouse, l'autre soir, que j'en ai pris le plus conscience.

— C'était un moment fort, en effet. Nous devons savoir nous projeter dans l'avenir, mais également savoir regarder de temps en temps en arrière. Pour mesurer la distance parcourue, faire le point et célébrer les progrès, comme vous l'avez fait ce soir-là.

— C'est vrai. D'ailleurs, c'est en regardant la distance parcourue lors de ma première traversée réussie sur le fil que j'ai pris confiance en moi pour faire la deuxième. Et pour affronter, plus tard, la traversée à un niveau plus élevé devant vous-même et mon épouse.

— La *confiance en soi* dont vous parlez est en effet au cœur même de l'équilibre. Et au cœur de toute réussite. Dans les différents domaines de la vie, d'ailleurs. Personnel, affectif, professionnel, relationnel, financier, spirituel...

— Si seulement j'avais eu davantage confiance en moi par le passé ! indiqua le voyageur. Les choses se seraient peut-être déroulées bien différemment. »

Puis il renchérit :

« Sûrement bien différemment ! Que ce soit dans mon couple, dans mon rôle de père, dans mon hygiène de vie ou dans mon travail ! D'ailleurs, en parlant de travail, je me demandais encore ce matin si je m'étais fait licencier uniquement ou non en raison de la restructuration ?

— Votre question est intéressante. Et avez-vous su y répondre ?

— Je crois que oui. Et vous savez de quelle méthode je me suis inspiré ?

— Non, laquelle ? dit le vieil homme feignant de ne pas comprendre et curieux d'entendre ce qui allait suivre.

— La *méthode de L'Équilibriste* ! répondit le voyageur, avant d'ajouter en plaisantant : vous voulez que je vous l'explique ? »

Le vieil homme se mit à rire de l'espièglerie de celui qu'il aurait presque pu appeler son protégé.

Le voyageur expliqua sa démarche :

« Sur la question de l'origine de mon licenciement, j'ai repensé à la discussion que nous avions eue, relative à la réalité et à la perception de la réalité. Mon raisonnement a été le suivant :

« J'ai été licencié, c'est un fait, et la version officielle est que c'est en raison de la restructuration.

« Celle-ci était peut-être nécessaire, mais quoi qu'il en soit, je n'ai pas tous les éléments pour en juger. Et que je le veuille ou non, je dois maintenant l'accepter. En outre, elle ne concerne pas que moi.

« Par ailleurs, j'aurais pu me dire que mon licenciement ne venait *que* de la restructuration. Et d'une certaine manière, cela aurait sans doute été plus "confortable" pour moi.

« Mais à force d'y réfléchir, et une fois l'émotion un peu dissipée à ce sujet, j'ai dû tourner le projecteur sur moi et regarder en arrière pour comprendre.

« Contrairement à ce que j'aurais voulu penser, j'ai dû admettre que, dans mon cas, mon licenciement ne venait *pas que* de la restructuration.

« Je croyais être bon. En fait, j'étais moyen.

« Et à force d'être moyen, je devenais médiocre !

« J'avais développé ma *petite routine* et cela me rassurait. Pourtant, la hauteur de mon fil diminuait. Sans même que je m'en aperçoive.

« L'organisation, elle, a finalement dû s'en apercevoir avant moi.

« Sentiment très, très inconfortable...

« ...Mais très, très salutaire.

« Pour prendre acte. Et pour rectifier le tir. »

Le vieil homme avait suivi d'un bout à l'autre ce raisonnement analytique qu'il jugeait sain et qui sonnait juste. Il proposa un verre d'eau au voyageur qui l'accepta, et dit à ce dernier :

« Je constate avec plaisir qu'en plus de la *méthode*, vous vous êtes également inspiré, à bon escient, de *l'approche exigeante de L'Équilibriste* ! »

Le voyageur acquiesça puis souhaita aller au bout de sa démarche. Il poursuivit :

« Pour moi, les choses sont désormais claires. La routine m'a déjà coûté cher. Je dois donc m'en méfier à tout prix et ne pas retomber dans le même piège. Faire cette erreur une fois peut, à la limite, être acceptable. La reproduire une autre fois ne le serait plus du tout. Foi d'*Équilibriste* exigeant ! »

Le voyageur s'interrompit alors. Deux visiteurs venaient d'arriver devant le stand.

Et le client est roi.

Négociation

La journée se poursuivait et l'activité allait bon train. Le voyageur aidait le vieil homme dans sa tâche et les produits se vendaient bien.

Certaines négociations menées par le vieil homme épataient le voyageur, notamment les plus complexes qui portaient sur certains articles à prix élevé.

Le vieil homme semblait toujours rechercher le meilleur équilibre possible, dans chaque transaction.

Il expliqua au voyageur qu'il lui importait de trouver un accord *optimal* et non pas *maximal*. Et ce, afin que chaque partie y trouve son compte, sans qu'aucune ne soit lésée.

Il précisa que cette approche de la négociation était vraisemblablement moins courante, malgré les discours qui pouvaient laisser penser le contraire, et plus exigeante que beaucoup d'autres que l'on observait fréquemment dans le monde des affaires comme ailleurs.

Mais cette approche précise de la négociation était certainement beaucoup plus gratifiante et créatrice de valeur. Car elle maintenait les équilibres. *Tous* les équilibres.

Une clé également pour le développement de relations commerciales responsables et inscrites dans la durée, à l'instar du commerce équitable qui bénéficiait à tous et que le vieil homme cita en exemple. Pour terminer, ce dernier expliqua au voyageur que de manière amusante, l'accord *optimal* se révélait souvent *maximal*, à terme !

De toute évidence, l'équilibre demandait de la pratique et en fin de compte, payait.

D'ailleurs, il n'y avait qu'à en juger par la fidélité de longue date des clients du vieil homme. La nature de leurs échanges, basés sur la confiance, en témoignait.

La *fil*osophie de *L'Équilibriste appliquée à la négociation* expliquait sans doute tout le respect qu'attirait le vieil homme. Même en négociation, il ne déviait pas de son *fil* conducteur…

Faire changer les autres ?

Plus tard dans la journée...

Même si beaucoup de choses s'étaient passées entre-temps, le voyageur restait axé sur la discussion portant sur son travail.

Quelque chose semblait le contrarier et il en fit part au vieil homme. Pour ne pas le ressasser ni le garder en lui.

Il dit :

« Malgré ce que je vous ai dit tout à l'heure, une chose me tracasse.

— De quoi s'agit-il ?

— J'ai un sentiment étrange concernant mon ancien chef, poursuivit le voyageur. J'ai connu des relations plutôt tendues avec lui. Des relations souvent faites d'incompréhension. Pour tout dire, je n'adhérais pas à sa façon de voir les choses.

— Qu'avez-vous fait pour essayer de changer cela ?

— J'ai bien, à maintes reprises, essayé de *le* changer. Mais sans succès. Et même si j'avais utilisé vos principes, si je les avais connus à l'époque, ceux-ci n'auraient sans doute pas pu fonctionner avec lui.

— Peut-être vous a-t-il, dans ce cas, manqué un autre des *principes de L'Équilibriste.*

— Y aurait-il un principe qui permettrait de changer les autres ? demanda le voyageur, intéressé.

— Selon vous, nous revient-il d'essayer de changer les autres ?

— Vu la personnalité de mon ancien chef, j'aurais bien voulu réussir à le faire changer. Certains de ses comportements m'étaient absolument insupportables et je suis convaincu qu'ils étaient mauvais pour tout le monde. Donc oui, je dirais qu'il fallait le faire changer...

— Ah ? s'étonna le vieil homme. Et imaginez un instant que votre chef ait lui aussi essayé de vous faire changer. Il a peut-être essayé, d'ailleurs !

— Oui, il ne s'est pas gêné.

— Eh bien, cela devait être une relation intéressante ! dit le vieil homme pour interpeller le voyageur.

— Pourquoi ?

— Je peux imaginer que vous avez passé votre temps à essayer de vous transformer mutuellement ! Et à ce petit jeu interminable, une vie aurait même pu ne pas vous suffire. Sans parler de l'énergie que vous avez dû y dépenser, tous les deux...

— Mais alors, faut-il en conclure qu'on ne doit pas essayer de faire changer les gens qui se comportent mal ? Il faut tout de même bien que quelqu'un leur dise leurs vérités !

— Mais quelles vérités ? Vous sentiriez-vous en croisade, porteur de LA vérité ? » rétorqua le vieil homme avec plus de force.

Le voyageur resta muet.

Le vieil homme précisa :

« Nous devons constamment exercer notre discernement. Je peux comprendre que votre perception, sur la base de faits que vous jugez objectifs, vous amène à considérer que l'autre doit davantage changer que vous.

— Oui, c'est bien le cas.

— Vous pourriez alors vous sentir investi du devoir de faire changer ces personnes, n'est-ce pas ?

— Presque, en effet. Il faut bien que quelqu'un s'en charge, non ? C'est dans l'intérêt de tous.

— J'entends bien. Et votre attitude peut sembler magnanime. Toutefois, elle a aussi ses limites et ses dangers.

— Quels dangers ?

— Vous allez comprendre. Dans toute relation humaine, dès que l'on essaie de changer l'autre, donc de lui imposer quelque chose qu'il *n'est pas* et donc qu'il *ne choisit pas* d'être, la relation est rapidement vouée à l'échec.

— Et pourquoi cela ?

— Car cette relation devient instantanément tronquée et déséquilibrée. Par exemple, vous ne rendrez jamais moins jalouse une personne jalouse…

— Vraiment ?

— Voyez-vous, pour que cette personne évolue et devienne moins jalouse, le changement ne peut venir que d'elle. Et de personne d'autre. C'est une *décision* de sa part. Une décision qui doit résulter d'une motivation à changer.

— Mais si elle ne décide pas de changer ou n'est pas motivée à le faire ?

— Alors, vous n'y ferez rien. Dans ce domaine, nous pouvons tout au plus espérer exercer une influence positive. Puis advienne que pourra…

— Je comprends, mais c'est un peu dommage, non ? On risque de ne pas obtenir grand-chose…

— Obtenir ? Pensez-vous qu'il y ait quelque chose à obtenir ?

— Euh, avant de vous entendre, j'aurais dit oui, sans même hésiter. À présent, j'avoue que je n'en suis plus si sûr.

— Que diriez-vous d'une personne qui chercherait à faire votre "bien" contre votre gré ? En tout cas, ce que cette personne *perçoit* comme étant votre "bien" ?

Après un moment de réflexion, le voyageur répondit :

« Je pense que je n'aimerais pas, effectivement, que l'on cherche à me faire changer d'une manière ou d'une autre contre mon gré. J'aurais, en quelque sorte, le sentiment d'être "violé".

— Vous avez tout compris. On ne change pas les autres, ce sont eux qui changent. S'ils le veulent et s'ils le décident. Acceptons-nous comme nous sommes, et acceptons les autres comme ils sont. Tout le monde ne s'en portera que mieux...

— Par contre, qu'en est-il des personnes ayant basculé dans l'illégalité ? Ne doit-on pas les faire changer ?

— C'est exactement la même chose. Si ces personnes doivent changer pour revenir dans la légalité, alors ce sont elles qui en décideront. Toutefois, la société à laquelle chacun de nous appartient doit jouer son rôle dans ce domaine, afin d'assurer la protection individuelle et collective. Et elle doit le faire dans le cadre et le respect des règles, institutions et lois en vigueur.

— Encore une question d'équilibre !

— Tout à fait, confirma le vieil homme. Et pour cela, il existe des personnes dont c'est la mission d'évaluer et de juger, au cas par cas, des mesures à mettre en œuvre. Cela peut aller de la prévention à la sanction...

— Je comprends », acquiesça le voyageur.

Ce dernier réfléchit longuement à toutes ces paroles de sagesse.

Il se dit qu'il importait de bien les comprendre et de s'en souvenir pour la suite afin d'éviter de reproduire les erreurs du passé dans le domaine relationnel.

Des erreurs qui lui avaient déjà coûté cher.

Comprenant à présent le principe de *L'Équilibriste* auquel le vieil homme avait fait allusion et qui lui avait manqué dans la relation avec son ancien chef, il sortit son carnet et nota :

Connais ta *juste* place

et laisse les autres changer d'eux-mêmes.

S'ils le veulent et s'ils le décident.

La bousculade

Cette journée à la foire fut très enrichissante pour les deux hommes.

Ils avaient apprécié l'animation, les rencontres et les échanges divers.

Mais à présent, fatigués par toute cette activité, ils sentaient le besoin de retourner au calme et s'apprêtaient à repartir.

À ce moment-là, le voyageur fut brusquement bousculé par un exposant qui sortait avec hâte, les bras lourdement chargés de matériel.

Surpris et dans un mouvement d'emportement, le voyageur réagit sur-le-champ en repoussant l'exposant à son tour.

Ce dernier, sous la pression, fut déséquilibré et tomba avec tout le matériel qu'il avait dans les mains, qui à son tour percuta un enfant qui passait par là pour rejoindre ses parents.

L'enfant, en pleurs, était tombé et s'était blessé à la tête. Apparemment sans gravité.

Le voyageur semblait un peu perdu.

Dans son désarroi, il regardait alternativement l'enfant et l'exposant, tous deux à terre.

Puis il croisa le regard du vieil homme qui, lui, avait rejoint l'enfant pour vérifier son état.

Après un moment et des excuses formulées par le voyageur, y compris auprès des parents de l'enfant qui manifestaient à la fois de l'inquiétude et de la colère, les choses semblèrent finalement rentrer dans l'ordre.

Le vieil homme s'approcha du voyageur et lui tendit une carte de visite de *« l'Auberge de la Bonne Étoile »*.

Il lui suggéra de la remettre aux parents en les invitant à passer à l'occasion « prendre un verre » aux frais de la maison.

Ce que fit le voyageur, en laissant son nom sur la carte.

Chacun repartit ensuite de son côté, y compris l'exposant qui avait lui-même présenté ses excuses.

L'ami

Sur le chemin du retour, les deux hommes s'arrêtèrent chez un ami du vieil homme.

Cet ami leur offrit l'hospitalité pour leur permettre de récupérer et ils en profitèrent pour se tenir au courant des nouvelles.

Spontanément, l'ami s'intéressa à ce qui avait amené le voyageur dans la région.

Puis il expliqua qu'il occupait ses vieux jours à prendre soin, bénévolement, d'un des plus vastes jardins botaniques du pays. Il avait manifestement développé une expertise certaine dans le domaine des plantes dont il parlait avec passion et respect.

Les discussions allèrent bon train et le voyageur écoutait avec une grande attention.

Étrangement, l'ami lui faisait penser au vieil homme utilisant les mêmes mots choisis, le même ton nuancé, les mêmes gestes harmonieux. Un autre *Équilibriste* ?

En tout cas, une même sensation d'équilibre émanait de lui.

Le vieil homme ne choisissait sans doute pas ses relations au hasard...

Le voyageur se rendait compte, à présent, qu'il existait sûrement beaucoup de personnes de cette qualité à travers le monde. Beaucoup d'*Équilibristes.*

Il comprenait, également, qu'il en avait probablement croisé tout au long de sa vie, mais qu'il n'avait pas forcément su les reconnaître.

N'ayant pas développé sa *fibre d'Équilibriste* auparavant, il n'avait pas, jusqu'alors, construit de relations avec d'autres *Équilibristes.*

Il allait devoir s'atteler à changer les choses.

Plus tard, après s'être revigorés au contact de la nature, le vieil homme et le voyageur remercièrent chaleureusement leur hôte et prirent rendez-vous avec lui pour une prochaine rencontre à l'auberge.

Puis ils reprirent leur route.

Causes et conséquences

À leur arrivée à l'auberge, un message attendait le voyageur.

Les parents de l'enfant blessé plus tôt à la foire avaient appelé. L'enfant était à l'hôpital, à la suite de malaises répétitifs. Son état s'était dégradé.

À cette nouvelle, le voyageur se sentit inquiet et désolé pour l'enfant et pour les parents.

Passée cette réaction initiale, il tenta de se rassurer, se disant que tout finirait bien par s'arranger. Le choc n'avait pas été si violent, tout de même !

Pour autant, et dans un effort de concentration, son premier réflexe fut de repasser dans sa tête le film de la scène qui avait conduit jusqu'aux pleurs de l'enfant.

Comment les choses en étaient-elles arrivées là ?

Lui avait bien été bousculé.

Puis il avait repoussé l'exposant qui était ensuite tombé.

Ce dernier avait alors entraîné l'enfant dans sa chute.

D'où les pleurs, qui s'étaient ensuite calmés.

Puis les excuses.

Et l'histoire s'était arrêtée là. Pourtant non.

Dans un souci de mieux comprendre et de démêler les choses, le voyageur déroula à nouveau ce scénario plusieurs fois dans son esprit.

Et plus il reproduisait le scénario, plus il se sentait accablé.

Mais pourquoi cela ?

Il s'était d'abord demandé ce que ce gamin faisait là, tout seul, sans ses parents. En raison de son âge, il aurait dû être accompagné. Les parents portaient donc une part de responsabilité.

On pouvait cependant se demander jusqu'où un enfant devait sans cesse rester près de ses parents.

Difficile de répondre à une telle question.

Il s'était ensuite dit que la faute venait de cet exposant maladroit.

Mais rapidement, il s'était souvenu d'avoir, à son tour, réagi à cette bousculade en poussant l'exposant.

Il en était finalement arrivé à la conclusion que c'était sans doute la force excessive avec laquelle il avait poussé l'exposant qui avait entraîné la chute de ce dernier.

À cette idée, le voyageur devenait fébrile, et nerveux.

Devenait-il, alors, le principal responsable de cette situation ?

Il sortit pour prendre l'air. Il en avait besoin.

Comme pour réévaluer l'enchaînement successif des choses, dans un espoir d'arriver à une conclusion différente, il reprit le *fil* conducteur :

L'exposant l'avait bousculé. C'était donc bien ce dernier qui était à l'origine de l'accident. Et donc, de fait, le seul responsable.

En se disant cela, le voyageur se rassura. Puis il se ravisa. Pas le *seul* responsable, le *premier* responsable.

La question suivante était donc de définir si l'exposant l'avait ou non bousculé *intentionnellement*. Cela aurait pu paraître étonnant, mais pourquoi pas, après tout ?

Si oui, cela renforçait de fait la responsabilité de l'exposant.

Sinon, cela l'atténuait, mais sans pour autant l'effacer totalement.

D'accord, mais à la suite de la bousculade par l'exposant, tout aurait pu s'arrêter là. Cependant, cela ne s'était *pas* arrêté là.

En effet, le voyageur aurait pu ne pas réagir et alors là, effectivement, les choses se seraient, en toute logique, arrêtées là. Sans plus de conséquences.

Mais le voyageur avait réagi.

Et pas de n'importe quelle façon.

C'était bien *intentionnellement*, même si sous le coup de l'émotion, qu'il avait poussé l'exposant. Il l'avait fait avec une force qui, de toute évidence, avait été excessive.

Cela, il ne pouvait le nier. L'exposant s'était bien retrouvé à terre.

Quelles autres réactions le voyageur aurait-il alors pu adopter ?

Il aurait pu simplement ne rien faire. Et garder ainsi son mécontentement pour lui.

S'il devait *vraiment* exprimer son mécontentement, il aurait pu le faire de manière mieux maîtrisée, moins violente en tout cas.

Donc sans pousser l'autre à son tour.

Ce ne fut pas son choix. Il s'était emporté et il avait poussé. De manière excessive, de surcroît. L'intention était là.

Cela, il le comprenait maintenant, à froid.

Il fut perturbé en réalisant que dans l'action, il avait, une fois de plus, perdu la maîtrise. Ses émotions avaient bel et bien pris le dessus. Et le prix risquait, cette fois, d'être élevé.

Tout pouvait-il alors, comme sur le fil, être remis en question à n'importe quel moment, en un instant ?

La réponse s'imposait à lui. C'était OUI.

Retour à la case départ !

Responsabilité

Le voyageur était monté dans sa chambre. Il sentait le besoin de s'isoler. Pour réfléchir.

À ce stade de son raisonnement, il n'eut pas besoin de poursuivre son analyse très longtemps.

Quelle que fût l'excuse qu'il eut pu ensuite se trouver, dans une tentative de limiter ses torts, il devait assumer pleinement sa part de responsabilité. Et celle-ci était lourde.

Si l'enfant était à présent à l'hôpital, c'était parce qu'il avait d'abord poussé l'exposant, et *a fortiori* avec une force excessive.

Quels que soient les torts éventuels des autres acteurs en présence, le voyageur ne pouvait se laver les mains de ce qui s'était passé.

Il venait de prendre conscience, à travers cette situation regrettable, que toute situation a une cause et que toute action produit des conséquences.

Sans plus attendre, il se mit en route pour l'hôpital après avoir prévenu le vieil homme à la canne.

Il n'en menait pas large. Il avait suffi d'un instant d'égarement pour renverser la situation. Avec des conséquences potentiellement dramatiques...

L'hôpital

Le voyageur venait à peine d'arriver aux urgences à l'hôpital quand il aperçut les parents de l'enfant, dans un hall bondé.

Il ne vit pas l'enfant et en fut d'autant plus angoissé.

Son premier réflexe fut d'éviter le regard des parents. Cette situation le mettait très mal à l'aise et l'on pouvait comprendre pourquoi.

Puis il se décida enfin à les aborder. De toute façon, il était hors de question qu'il se dérobe à ses obligations.

Il parla un moment avec le père auquel il renouvela ses excuses. La mère, elle, était assise à ses côtés. Elle était très inquiète et avait les yeux embués de larmes.

Le voyageur apprit que les choses n'allaient pas fort et que l'enfant avait eu des vertiges. Un contrôle médical approfondi était en cours.

Les parents furent alors appelés par un médecin et laissèrent le voyageur dans la salle d'attente.

Les longs moments qui suivirent lui parurent interminables. Il transpirait. À grosses gouttes.

Des accidentés de toutes sortes passaient devant ses yeux. Le spectacle était bouleversant et faisait peine à voir.

Le voyageur ressentait de la compassion pour toute cette souffrance humaine, se disant qu'il était privilégié d'être en bonne santé.

La prochaine fois, avant de se plaindre, il se dit qu'il y réfléchirait à deux fois.

Après encore une longue attente, il vit enfin réapparaître le couple à qui il demanda immédiatement des nouvelles de l'enfant.

Les parents lui apprirent qu'aux dernières nouvelles du médecin, les examens n'avaient rien décelé d'anormal.

L'enfant avait été commotionné mais son état ne paraissait pas grave. Il resterait encore ici quelques heures en observation par mesure de précaution.

Le voyageur demanda s'il était possible de voir l'enfant. Cela ne lui fut pas autorisé par le médecin. Il faudrait attendre.

Bien qu'un peu frustré de ne pouvoir revoir le petit, le voyageur fut fortement soulagé de ces nouvelles. Il recommençait à respirer. L'enfant s'en sortait bien. Lui aussi.

En même temps, l'idée que les choses auraient pu mal tourner continuait à le travailler.

Il y avait pour lui une leçon fondamentale à tirer de cet incident.

La prochaine fois, et il valait mieux qu'il n'y en ait pas de prochaine, la victime ne s'en sortirait peut-être pas aussi bien. Et lui non plus.

Avant de repartir à l'auberge, le voyageur proposa aux parents de rester en contact. Il tenait à revoir l'enfant.

Il réitéra notamment son invitation à venir découvrir *« l'Auberge de la Bonne Étoile »*.

Cette fois, pas pour « prendre un verre » aux frais de la maison. Mais pour un repas en compagnie de son épouse avec qui il ferait le déplacement spécialement pour l'occasion. Et en compagnie du vieil homme à la canne qu'il inviterait également.

Dans cette perspective, il s'entretiendrait avec ce dernier, nourrissant l'espoir de pouvoir partager avec cet enfant et sa famille les joies de l'équilibre sur le fil. À *l'Antichambre*.

Le voyageur se disait qu'il avait beaucoup reçu de la vie et qu'à présent, le temps était venu de beaucoup donner.

D'une certaine manière, il était dorénavant lié à cette famille. Qu'il le veuille ou non, le destin en avait décidé ainsi.

Plus tard, de retour à l'auberge, il informa le vieil homme de ce qui venait de se passer.

Se remémorant ce qui l'avait marqué depuis son arrivée à la foire, le voyageur nota :

PERPÉTUE LES LOIS DE L'ÉQUILIBRE !

En négociation, cherche toujours
l'accord *optimal* : celui de l'équilibre partagé.

Hors négociation, donne et reçois
tout simplement. Sans calcul.

Connais ta *juste* place :
Accepte-toi comme tu es.
Accepte les autres comme ils sont.

Pense aux conséquences possibles
de tes intentions, de tes décisions
et de tes actes.
Et assume-les jusqu'au bout.

Équilibre permanent ?

Avec des sentiments partagés, le voyageur informa le vieil homme qu'il allait prochainement devoir quitter l'auberge. Pour rentrer chez lui et retrouver les siens.

« Depuis que je vous ai rencontré, vous m'avez enseigné et transmis tellement de choses essentielles. Et en si peu de temps ! dit le voyageur, avec de l'émotion dans la voix.

— Est-ce moi qui vous ai transmis ces choses essentielles, ou vous-même qui les avez découvertes en vous ?

— Je dirais 50/50. Question d'équilibre ! Une moitié du chemin est parcourue par le maître, l'autre moitié par le disciple. Et vice-versa...! »

Le vieil homme sourit, sentant que le disciple avait finalement bien intégré les lois fondamentales de l'équilibre et retrouvé une certaine sérénité depuis son arrivée à l'auberge.

Il dit au voyageur :

« C'est avec plaisir que je constate votre aptitude à ne pas perdre le *fil*, cher ami !

— J'aimerais savoir une chose, demanda le voyageur sur un ton sérieux, peut-on rester toujours en équilibre sur le fil ? Autrement dit, l'équilibre permanent existe-t-il dans la vie ?

— Je me demandais si vous alliez me poser cette question. L'équilibre permanent n'existe pas. Pour une raison simple, c'est que RIEN n'est permanent... Par conséquent, l'équilibre comme le reste n'existe que par moments. Plus ou moins longs.

— Je trouve un peu frustrant de ne pas pouvoir compter sur un équilibre permanent, dit le voyageur soudain un peu dépité. Quand je vois tous les efforts que demande la quête de l'équilibre !

— Comme vous l'avez appris au travers de votre propre expérience récente, le déséquilibre peut aussi avoir un intérêt : celui de nous permettre d'apprécier les bienfaits de l'équilibre à leur juste valeur. On n'apprécie jamais autant les choses que lorsqu'on en a été privé...

— Ou lorsqu'on a dû faire d'importants efforts pour obtenir ces choses ! compléta le voyageur.

— C'est très juste. La dynamique de l'équilibre est tellement bénéfique et stimulante que lorsqu'on l'a expérimentée, il devient difficile de s'en passer...

— Je peux en témoigner. Je ne me suis jamais senti aussi bien de ma vie que maintenant. En outre, je me sens à présent capable de faire le bien autour de moi, ce qui est nouveau.

— Ravi de l'entendre. Je suis convaincu que vous saurez en faire profiter les autres. »

Le vieil homme tint toutefois à apporter une nuance par souci de réalisme :

« Notons cependant que certaines personnes se sentent instinctivement attirées par le déséquilibre. Elles donnent l'impression, du moins en apparence, de ne pas aspirer à l'équilibre.

— Comment peut-on consciemment ne pas aspirer à l'équilibre ? demanda le voyageur, surpris. Est-ce là un comportement normal ?

— Qu'est-ce qu'un comportement normal ? Ce que nous estimons être la norme ne l'est pas forcément pour quelqu'un d'autre. Sans oublier que selon les pays, les époques, les cultures..., la « norme » change.

— Oui, mais tout de même ! Pour rien au monde, je ne voudrais à présent me passer de ce que j'ai découvert ici. Enfin, je veux dire en moi.

— Oui, car ce que vous avez découvert ici correspond à ce qui, *en vous*, avait besoin d'être découvert.

— Sans aucun doute. D'ailleurs, j'estime que c'est une grande chance que j'ai eue de le découvrir. Une chance que tout le monde n'a peut-être pas, en l'occurrence.

— C'est vrai et c'est bien de vous en rendre compte.

— C'est aussi pour cela que j'ai maintenant à cœur d'en faire profiter d'autres personnes. »

Le vieil homme l'en félicita, fit une pause, avant d'ajouter d'un ton grave :

« Sachez aussi que notre tendance naturelle nous oriente parfois vers l'équilibre, parfois vers le déséquilibre. Ceci en fonction des situations et du moment.

— Nous sommes donc tous fragiles, c'est cela ? demanda le voyageur un peu inquiet, réfléchissant à savoir s'il serait capable de garder le bon cap.

— Bien entendu que nous sommes tous fragiles ! Vous, moi, tout le monde. L'équilibre lui-même est fragile. »

Le voyageur resta un moment silencieux, puis demanda :

« Et le déséquilibre, lui, nous fragilise encore davantage, n'est-ce pas ?

— Exactement. C'est pourquoi nous orienter vers le déséquilibre peut parfois s'avérer dangereux. Très dangereux, voire catastrophique.

— Comment, alors, réfréner la tendance au déséquilibre qui existe en chacun de nous ? Notamment pour éviter la catastrophe ! Et où se situent les limites à ne pas dépasser ?

— Tout ceci est à la fois une question de dosage et une affaire personnelle.

- Une *question de dosage,* car c'est lorsqu'il devient *excessif* que le déséquilibre peut conduire à la catastrophe. Et là, plus question de remonter sur le fil...
- Et une *affaire personnelle,* car chacun de nous aspire plus ou moins à l'équilibre. Pour diverses raisons. Touchant à notre éducation, nos valeurs, nos compétences, nos ambitions, etc.

Afin d'illustrer ses explications, le vieil homme posa sa canne et représenta, sur une feuille tirée du sac qu'il avait emporté avec lui, deux croquis.

Le premier concernant la *question de dosage* :

LA BALANCE INTERNE DE L'ÉQUILIBRISTE

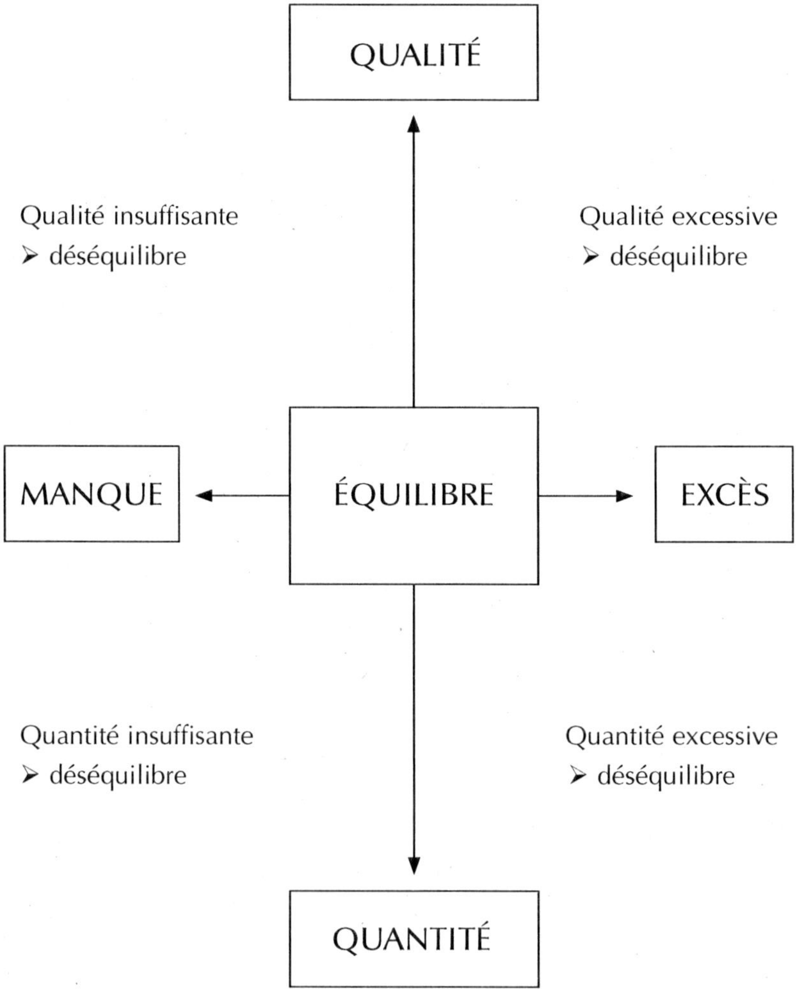

Montrant du doigt le croquis de la *balance interne,* le vieil homme expliqua :

« Tout équilibre ou déséquilibre se mesure en termes de quantité ou de qualité. Et en termes d'excès ou de manque.

« Prenons l'exemple, assez universel, de la nourriture. »

En regardant les deux quadrants inférieurs :

« Vous voyez, à gauche, qu'une quantité *insuffisante* de nourriture crée un déséquilibre. Si ce déséquilibre devient excessif, cela conduit progressivement au rachitisme.

« À droite, vous voyez qu'une quantité *excessive* de nourriture crée, également, un déséquilibre. Si ce déséquilibre devient excessif, cela conduit progressivement à l'obésité. »

Le vieil homme précisa au voyageur que la logique était rigoureusement la même concernant la qualité. Et qu'elle s'appliquait sans exception à tous les domaines de la vie.

Le deuxième croquis concernant l'*affaire personnelle* :

LE RÉFLEXE DE L'ÉQUILIBRISTE

=

Aspire à l'équilibre

+

Réduis toute source de déséquilibre

+

Agis uniquement pour générer de l'équilibre

+

Utilise ton meilleur indicateur : ta *sensation de l'équilibre*

Le vieil homme expliqua cette fois au voyageur :

« Dans toutes les situations de la vie, chacun d'entre nous a une *réaction spontanée* par rapport à ce qui lui arrive. Cette réaction nous conduit soit à créer de l'équilibre, soit à créer du déséquilibre. Consciemment ou inconsciemment.

— Si notre objectif est d'arriver à l'équilibre et au bonheur, alors nous devons maîtriser cette réaction spontanée. Et l'orienter vers l'équilibre.

« Pour ce faire, nous devons acquérir le *réflexe de L'Équilibriste*. Comme vous pouvez le voir, ce réflexe est le résultat de quatre comportements-clés de l'équilibre.

— Donc si je comprends bien, l'équilibre peut devenir un réflexe, c'est bien cela ?

— Tout à fait. C'est même ce qui sous-tend tout ce que vous avez appris ici.

— Et comment sait-on si l'on crée de l'équilibre et du bonheur, ou du déséquilibre et du malheur ?

— Question très pertinente. C'est, comme l'illustre le dernier point de ce croquis, votre *sensation de l'équilibre* qui vous l'indique.

— Et quelle est cette *sensation de l'équilibre* ?

— Après toute réflexion ou action, nous nous sentons implicitement en désaccord ou en accord avec nous-mêmes. C'est un sentiment intérieur subtil, que nous seuls pouvons évaluer. Chacun face à soi-même.

« Au risque de vous paraître simpliste :

- Soit, nous nous sentons mal, en désaccord avec nous-mêmes, donc déséquilibrés. C'est que nous devons encore acquérir ou retrouver le *réflexe de L'Équilibriste.*
- Soit, nous nous sentons bien, en accord avec nous-mêmes, donc équilibrés. C'est la confirmation que nous avons le bon réflexe. Celui de *L'Équilibriste* ! Et là, très bien, nous pouvons en profiter. Mais attention, nous devons également redoubler de vigilance...

— Car rien n'est permanent ! dit à son tour le voyageur exalté. Et le risque existe alors de basculer aussi vite dans l'autre direction, celle du déséquilibre.

— Attention aussi à ne pas s'installer *trop* confortablement dans l'équilibre, au risque de basculer dans... la *routine* de l'équilibre ! Car cette routine-là risque fort, également, de nous conduire au déséquilibre... », conclut le vieil homme.

La loi de l'équilibre universel

C'était un fait : l'équilibre était bien au cœur des problèmes humains. De tous les problèmes humains. Et le vieil homme en parlait avec une simplicité déconcertante. Une simplicité qui ne devait cependant pas faire oublier la complexité intrinsèque de ce sujet pour le moins sensible.

Jamais le voyageur n'avait pu imaginer toutes les nuances et subtilités que revêtait l'équilibre.

Créer de l'équilibre était-il finalement simple ou compliqué ? Difficile de répondre, c'était probablement aussi simple que compliqué !

La balance interne et *le réflexe de L'Équilibriste* apportaient au voyageur, avec une clarté absolue, la réponse à bien des questions qu'il s'était posées depuis son arrivée à l'auberge.

Le vieil homme lui avait expliqué le fonctionnement de ces principes, tels des outils faisant partie intégrante de la *fil*osophie de *L'Équilibriste.*

Le voyageur se voyait déjà partager cette philosophie, afin de contribuer à son tour à l'équilibre général.

Il avait besoin d'aller au bout de cette démarche de l'équilibre, d'en comprendre tous les aspects. Il interrogea le vieil homme :

« Quel est l'impact qu'un individu seul peut exercer sur l'équilibre général ? Nous ne sommes finalement pas grand-chose...

— Votre humilité vous honore. Et vous avez raison, nous ne sommes pas grand-chose à l'échelle de l'univers. Cependant, l'univers n'existe qu'à travers l'ensemble des éléments qui le composent. En tant qu'élément de cet univers, chacun de nous est lui-même une partie d'univers. Donc pas si négligeable !

— Vous me rassurez !

— C'est inquiétant et rassurant à la fois.

— Et pourquoi cela ?

— Car dès que vous vous mettez en déséquilibre, c'est l'univers que vous mettez en déséquilibre.

— Inquiétant, en effet.

— Et parallèlement, dès que vous mettez l'univers en déséquilibre, d'une manière ou d'une autre, c'est vous-même que vous mettez en déséquilibre. Il est crucial d'en être conscient.

— Également inquiétant, dit à nouveau le voyageur, le regard dans le vide.

— En revanche, dès que vous vous mettez en équilibre, vous contribuez à l'équilibre de l'univers. Et dès que vous contribuez à l'équilibre de l'univers, c'est à votre propre équilibre que vous contribuez.

— Doublement rassurant, cette fois !

— Ces rapports d'équilibre et de déséquilibre s'inscrivent dans ce que l'on appelle la loi de l'équilibre universel, indiqua le vieil homme.

— Une loi qui semble d'une logique imparable, ajouta le voyageur.

— Imparable, en effet. Une marque de fabrique de notre bel univers !

— Mais alors, comment peut-il y avoir autant de conflits dans le monde ? J'aimerais vraiment savoir comment agir à mon niveau pour améliorer l'équilibre de l'univers. Il en a bien besoin et moi aussi.

— Les conflits font partie de la vie et qu'on le veuille ou non, nous sommes bien obligés d'accepter cette réalité. Cependant, pour contribuer à faire évoluer les choses, nous devons agir sur trois dimensions. Et le faire de façon permanente et concomitante.

— Quelles sont ces trois dimensions ?

— La première dimension est celle de *l'équilibre de la personne.*

« Nous devons tous prendre grand soin de nous.

« Ceci signifie nous respecter nous-mêmes et nous développer : apprendre à nous connaître, à nous maîtriser, à nous affirmer.

« Cela génère confiance en soi et équilibre.

— Je comprends bien. C'est déjà en soi tout un programme ! Et quelle est la deuxième dimension ?

— Celle de *l'équilibre entre les personnes.* »

La relation entre les personnes est l'un des biens les plus précieux qui soit. Elle est aussi très souvent mise à mal et tout le monde en pâtit. Parfois sans même s'en apercevoir. Faire souffrir les autres, par exemple, perturbe non seulement les autres, bien entendu, mais également l'harmonie du monde et en fin de compte, nous-mêmes.

Il est important de nourrir chaque relation, avec une intention et un esprit positifs.

Le voyageur se saisit de cette réflexion pour l'appliquer à sa propre situation.

Il repensa, une nouvelle fois, à son chef. Il comprit de mieux en mieux que la manière dont leur relation avait évolué, jusqu'à devenir délétère, révélait les signes avant-coureurs de son licenciement.

Il réalisa que ce dernier n'était en fait que l'aboutissement logique d'un long et pervers processus qu'il n'avait pas vu venir.

Le vieil homme compléta son propos :

« Par extension à la relation directe entre les personnes, il est important d'avoir conscience de la *solidarité universelle* qui unit tous les individus entre eux.

— C'est-à-dire ?

— Sans nous en apercevoir, nous bénéficions des actes de vertu réalisés par une personne inconnue, physique ou morale, vivant à l'autre bout de la planète. Et à l'inverse, nous souffrons, toujours à notre insu, des fautes commises par cette personne.

— Par exemple ?

— Imaginons un instant le cas d'un déversement de produits nocifs dans les eaux d'une région lointaine. Après un temps plus ou moins long et par effet de causalité, il y a fort à parier que nos assiettes et notre santé en supporteraient les conséquences. »

Le vieil homme poursuivit :

« Un ensemble sain ne peut jamais être constitué d'éléments corrompus. Toute corruption, quelle que soit sa forme et fut-elle lointaine, finit toujours par nous toucher, d'une manière ou d'une autre. C'est une des lois essentielles de l'équilibre. »

Le voyageur restait songeur.

Puis après un moment, il s'enquit auprès du vieil homme au sujet de la troisième dimension. Ce dernier lui indiqua :

« La troisième dimension est celle de *l'équilibre entre les personnes et l'univers.*

« Elle comprend le respect et la préservation de toute forme de vie, humaine, animale, végétale... de tout écosystème. »

En entendant les explications du vieil homme, le voyageur se dit alors que certains des comportements humains qu'il observait si souvent menaçaient fortement l'équilibre :

« Qu'il s'agisse des différentes formes d'addiction, de la débauche, de l'orgueil, de la jalousie, de la convoitise, de la lâcheté, de la quête de pouvoir, de l'avarice, de l'esprit de destruction…

« Pour ne citer que quelques-uns de ces comportements.

« Tellement d'imprudences de la part de l'Homme qui déclenche ainsi, trop souvent, des forces qu'il est bien incapable, par ailleurs, de maîtriser. »

Au dos de la feuille qu'il avait utilisée préalablement, le vieil homme résuma ainsi sa pensée :

• Première dimension	:	Équilibre individuel
• Deuxième dimension	:	Équilibre relationnel
• Troisième dimension	:	Équilibre universel

Puis il remit cette feuille au voyageur.

Il lui proposa ensuite, pour la première fois et à titre symbolique, de noter pour lui les quelques réflexions suivantes sur le carnet de ce dernier.

Celui-ci en fut particulièrement touché et s'empressa de lui tendre son carnet : son nouveau *Code de conduite*.

Ces mots prenaient autant l'allure d'une dédicace que d'un message de confiance, d'amitié et d'encouragement :

CULTIVE L'HARMONIE !

Respecte-toi et développe-toi d'abord.
En *prenant* confiance, tu *inspires* confiance.

Respecte les autres.
Contribue à leur développement,
quand tu le peux.
Et nourris positivement chaque relation.

Respecte la vie sous toutes ses formes.
Protège ton environnement.
Et assure son développement durable.

Enfin, partage la *fil*osophie de *L'Équilibriste*
et tu contribueras ainsi au bonheur
et à la paix dans le monde.

Adieux

Le vieil homme, posant une main bienveillante et complice sur l'épaule du voyageur, lui rendit son « *Petit carnet de...* »

Ce dernier compléta alors les pointillés, en écrivant :

...L'Équilibriste.

À l'endroit qu'il avait initialement pensé être réservé à son nom.

Mais entre-temps, il avait pris du galon !

Que de chemin parcouru, en effet, depuis son arrivée à l'auberge !

Tout en marchant à proximité de la fontaine, les deux hommes continuèrent à échanger.

Le voyageur observait la canne du vieil homme avec beaucoup d'attention. Il n'avait jusque-là pas remarqué certains détails gravés qui rendaient cet objet élancé particulièrement esthétique et harmonieux. La canne était en elle-même un objet d'équilibre !

Le voyageur restait pensif.

Un déséquilibre subsistait dans son esprit.

Même s'il avait appris énormément *du* vieil homme, il n'avait pas appris grand-chose *sur* lui.

Il n'avait toutefois pas voulu lui poser plus de questions d'ordre personnel. Par discrétion autant que par respect.

Mais dans le même temps, le voyageur, lui, s'était largement confié à son aîné.

Il sentait le besoin de rétablir l'équilibre.

Il demanda au vieil homme :

« Lorsque nous nous sommes retrouvés à *l'Antichambre* pour la première fois, je vous ai demandé si vous étiez équilibriste de votre métier.

— Je m'en souviens.

— Et vous m'aviez répondu que non.

— Je m'en souviens également.

— Mais alors, si vous me le permettez, quel était votre métier ?

— Je pouvais m'attendre à ce que vous me posiez la question à un moment ou à un autre », dit le vieil homme.

Toujours énigmatique, ce dernier ajouta :

« Vous souvenez-vous, lorsque nous parlions de l'exigence et que votre épouse m'a demandé pourquoi nous avions tant de mal à faire les choses *comme il faut* ?

— Oui, je m'en souviens, répondit le voyageur après quelques instants de réflexion.

— Vous souvenez-vous également que j'ai répondu, à titre d'illustration : allez expliquer à un pompier qu'il peut se permettre de ne pas éteindre un feu jusqu'au bout...

— Euh, oui. »

Subitement, tout s'éclaira dans sa tête.

Le voyageur repensa à l'intervention du vieil homme auprès du groupe lors du feu de camp. À proximité de la forêt.

Il se souvint aussi de la conclusion du vieil homme après cet incident : *« On ne joue pas avec le feu ! »*

Il s'exclama, plein d'entrain :

« Vous étiez pompier ! »

Le vieil homme eut un léger sourire et répondit au voyageur :

« J'étais en effet un soldat du feu. J'ai eu l'honneur et le privilège d'exercer les fonctions de commandant dans les sapeurs-pompiers pendant une bonne partie de ma carrière.

— Eh bien dites-moi, vous avez dû en éteindre, des feux !

— Notre mission, vous savez, dépassait largement les problèmes liés au feu. Mais d'une certaine manière, vous avez raison, j'ai consacré ma vie à *éteindre des feux*. Au sens propre comme au sens figuré... », conclut-il avec son style allusif habituel.

Le voyageur avait le sentiment d'avoir, enfin, *bouclé la boucle*.

Il se sentait fier, heureux et impressionné.

Quelle chance d'avoir pu côtoyer cet homme qui avait consacré sa vie à sauver celle des autres !

Cette chance, se disait-il, *ne l'était devenue que pour une seule raison : c'est qu'il avait su la saisir au vol !*

Il s'en était pourtant fallu de peu pour qu'il ne monte pas sur le fil lorsque le vieil homme le lui avait demandé pour la première fois. Et pour qu'il rebrousse chemin. Tout le reste ne serait alors jamais arrivé...

Il en frissonna et se fit la réflexion que la vie était finalement bien faite.

C'était en pleine adversité et au moment où il s'y attendait le moins qu'il avait rencontré le vieil homme.

Adversité ?

En fait, la plus belle des opportunités ! se dit-il.

Le voyageur réunit ses affaires et régla sa note.

Avant de monter dans sa voiture, il partagea une longue accolade amicale avec le vieil homme.

Puis il prit la route.

Après la transformation

La route

Cela faisait déjà un long moment qu'il roulait sans avoir pris le temps de s'arrêter. Le jour commençait à décliner et l'air se refroidissait peu à peu.

Il se souvint qu'il avait eu le regard absent, sans but précis et qu'il avait vu défiler cette route sans fin.

Il se souvint, aussi, qu'il avait eu beau essayer de fixer la moindre pensée, mais que rien n'y avait fait.

Il se souvint, enfin, qu'il s'était senti vide à l'intérieur, ne parvenant pas à se rattacher à une réalité autre que celle du bitume.

Tout ne tenait qu'à un *fil*.

Passé et présent ne faisaient plus qu'un. Un instant et une éternité les séparaient.

Cette route était la même. Elle lui semblait pourtant si différente !

Était-ce la route, ou était-ce lui ?

Le voyageur prenait conscience du chemin qu'il avait parcouru.

Surtout, il comprenait ce qui avait changé en lui : il ne cherchait plus à l'extérieur les raisons de ce qui lui arrivait.

Il avait les solutions *en lui*. Son *regard* avait changé. Et *tout* avait changé.

Ému, mais serein, il repensait au vieil homme qui avait dédié sa vie aux autres. Et qui continuait à le faire.

En pensant à lui, le voyageur se sentait équilibré.

Plus tard, de retour chez lui, il passa de longs moments avec sa famille.

Elle l'équilibrait. Et il l'équilibrait.

Son épouse appréciait chaque moment en compagnie de son *nouveau* mari.

Celui qu'elle avait redécouvert à *« l'Auberge de la Bonne Étoile »*.

Il développa une énergie nouvelle que ses enfants lui firent également observer.

Ils avaient constaté de nombreux changements dans son attitude. Et le trouvaient plus grand.

Cette énergie, il la mit à profit dans tous les domaines de sa vie. Des résultats spectaculaires s'ensuivirent.

Jamais, auparavant, il n'aurait pu espérer trouver si rapidement un nouveau travail. Et quel travail !

Jamais, non plus, il n'aurait cru pouvoir s'y épanouir autant. Et cela allait grandissant.

Il apportait beaucoup à sa nouvelle organisation. Elle lui apportait également beaucoup. Ses collègues le respectaient et l'appréciaient.

Autour de lui, il sentait une véritable harmonie s'installer. Celle qui, précisément, lui avait fait défaut par le passé.

Il en bénéficiait. Tout le monde en bénéficiait.

L'équilibre était beau. Et bon.

Beaucoup plus tard…

Retour aux sources

Le voyageur et son épouse étaient restés en contact régulier avec le vieil homme.

Comme prévu, le couple était revenu peu de temps après à l'auberge, à l'occasion de l'invitation que le voyageur avait lancée aux parents de l'enfant blessé à la foire, ainsi qu'au vieil homme. Tout s'était passé à merveille et l'enfant avait fait ses premiers pas sur le fil.

Chaque année à cette même période, ils lui envoyaient un mot et un présent, souvent un livre soigneusement choisi. C'était un moment de partage, de plaisir et d'émotion.

Le vieil homme, lui, prenait toujours le temps de répondre à chaque mot. Son style élégant était assorti d'une réflexion profonde.

L'année précédente, il leur avait envoyé le message suivant :

« L'Équilibriste sait par expérience qu'il lui arrivera encore de chuter ; autant d'opportunités pour apprendre à se relever chaque fois. »

En lisant ce message, le voyageur revit instantanément « *l'Auberge de la Bonne Étoile* », la fontaine dans le jardin, *l'Antichambre*, la cabane, le lac, la bibliothèque personnelle du vieil homme, la montagne, la petite colline, la foire, le jardin botanique, l'hôpital...

Autant de lieux chargés de symboles liés à sa transformation.

Des larmes lui montèrent aux yeux.

Après en avoir parlé avec son épouse, ils décidèrent ensemble de lire la phrase du vieil homme à leurs enfants et de les faire réfléchir au sens qu'elle leur inspirait.

D'ailleurs, ils parlaient régulièrement en famille de l'équilibre.

Cette année-là, pendant la période des fêtes, il ne savait pourquoi, mais il ne cessait de penser au vieil homme.

Il ressentait un besoin profond de le revoir.

Imaginant le plaisir de lui présenter ses enfants, il avait pris la ferme décision de lui rendre visite avec les siens et lui en ferait la surprise.

En même temps qu'une autre surprise.

Ayant repensé maintes fois à son séjour à l'auberge, le voyageur s'était aperçu qu'il avait un travail à finir.

Le travail de la parcelle de terre. Entamé, mais jamais terminé ! Il se souvint avoir répondu au vieil homme, à l'époque, que ce n'est pas en travaillant la terre qu'il allait travailler sur lui.

Quelle erreur !

Il finirait donc le travail. Et avec enthousiasme.

Quelque temps plus tard, le voyageur, avec sa famille, se retrouva devant la façade de « *l'Auberge de la Bonne Étoile* ».

Il était impatient de retrouver son ami.

Il frappa à la porte de l'auberge et fut accueilli par un homme d'âge mûr qui les salua aimablement.

À son tour, le voyageur le salua avec un sourire et après s'être présenté, demanda à rencontrer le vieil homme.

C'est alors qu'il apprit que celui-ci était décédé récemment. Pendant la période des fêtes.

Le voyageur fut bouleversé.

Avait-il eu comme une prémonition pendant la période des fêtes ?

Demandant à sa famille et à l'homme d'âge mûr de bien vouloir l'excuser, il s'éloigna un moment pour s'isoler. Il semblait très affecté par cette triste, très triste nouvelle.

C'était maintenant trop tard. Il ne verrait plus son ami et eut une sensation de manque. De vide.

Le vieil homme lui manquait déjà terriblement.

Le voyageur sentait aussi que désormais, la nécessité de reprendre le flambeau de l'équilibre lui incombait un peu plus. Comme une responsabilité encore accrue vis-à-vis du monde.

Plus tard, il revint vers sa famille et l'homme d'âge mûr.

Ce dernier expliqua qu'il était le fils du vieil homme. Il les invita à rester à l'auberge et à partager sa table.

Ils passèrent un moment ensemble et partagèrent leurs souvenirs respectifs en lien avec le vieil homme. La famille du voyageur écoutait avec beaucoup d'attention, de respect et d'intérêt.

Le voyageur se rendait compte que du fils, pourtant très différent de son père, émanait une impression générale d'équilibre, proche de celle qu'il avait ressentie auprès du vieil homme.

Après le repas, le fils et le voyageur passèrent un moment seuls dans le bureau du vieil homme :

« Mon père vous appréciait beaucoup, vous savez ? dit le fils au voyageur.

— Je l'appréciais moi-même énormément », répondit le voyageur encore très ému.

Le fils reprit :

« Il sentait qu'un jour, vous reviendriez le voir et, peu avant sa mort, il m'a demandé de vous remettre ceci le moment venu. »

Le fils saisit alors délicatement, sur une étagère, un magnifique casque de sapeur-pompier qu'il remit cérémonieusement au voyageur.

Celui-ci resta immobile. Il ne parvenait pas à prononcer le moindre mot.

Le fils continua :

« Ce casque appartenait à mon père et l'a protégé durant sa carrière. Il y était très attaché et a effectué de nombreuses missions avec.

— Mais je ne peux pas accepter... ! dit le voyageur gêné.

— Mon père l'a voulu ainsi, répondit le fils. Je crois qu'il aurait aimé vous le remettre en mains propres. Malheureusement, la vie en a voulu autrement. »

Le voyageur restait muet. Il était profondément touché par ce geste du vieil homme. Également par l'attitude noble et bienveillante du fils.

« Vous savez, reprit le fils, mon père incarnait l'équilibre à mes yeux. Il y a quelques années, après avoir moi-même réfléchi sur le sujet, je lui ai demandé quelle était pour lui la définition de l'équilibre.

— Et que vous a-t-il répondu ? questionna le voyageur curieux.

— Eh bien, poursuivit le fils, il m'a expliqué que :

L'équilibre est une sorte de balance perpétuelle entre des déséquilibres sans cesse exprimés et rattrapés.

Il est l'unité, la synthèse des contraires, tout en nuances, et résulte de l'opposition d'énergies en conflit, de forces antagonistes et finalement complémentaires.

« Il m'a également expliqué que toute action provoque une égale réaction, tel un jeu d'attraction et de répulsion. Et que sans équilibre, il ne saurait exister ni vie, ni progrès, ni harmonie.

« Je me souviens qu'il m'encourageait régulièrement à m'ouvrir le plus possible à l'équilibre afin qu'il circule dans tout mon être. Pour que je me sente "universel", disait-il.

— Lors d'un de nos échanges, votre père m'avait également expliqué que l'équilibre se loge dans le mouvement, le mouvement perpétuel, fit le voyageur.

— En effet, répondit le fils, à l'image de l'oscillation d'un pendule autour de sa position centrale. Il me disait qu'il existe en chacun de nous des forces égales et opposées s'équilibrant mutuellement. Les unes positives, expansives et célestes, les autres négatives, réceptrices et terrestres. Chacune d'elles est indispensable au développement de sa force complémentaire.

— Avec le temps et à force de pratique, à la suite de mon séjour à l'auberge, indiqua le voyageur, j'ai également compris combien l'équilibre est incompatible avec les extrêmes. Qu'il est, en fait, la *« voie du milieu »* et que rien ne sert, par exemple, d'opposer le bien au mal, l'un n'existant que par rapport à l'autre.

— En effet, l'équilibre n'est pas manichéen ! s'exclama le fils. Savez-vous comment mon père a fini de m'enseigner sa vision de l'équilibre ?

— Non, fit le voyageur. Dites-moi...

— En m'expliquant que l'équilibre naît une fois que, du haut de son fil, *L'Équilibriste* que nous sommes tous n'a plus peur du vide. Car il sait que le vide n'a pas plus de réalité que le plein...

— Que voulait-il dire par là, selon vous ? interrogea le voyageur.

— Je crois qu'il a voulu dire que l'équilibre véritable réside dans le non-attachement. Je l'ai parfois entendu mentionner certains des drames humains auxquels il était sans cesse confronté au cours de ses missions. Je pense qu'il a appris à relativiser beaucoup de choses et cette conduite m'a d'ailleurs souvent inspiré et aidé...

— C'est sûrement l'apprentissage de toute une vie, dit le voyageur.

— Sans aucun doute ! répondit le fils. Je me souviens en outre qu'au soir de sa vie, lorsque je lui ai demandé quel fut son plus bel accomplissement, il m'a répondu, en citant Montaigne :

« Mon fils, j'ai fait un peu de bien,
c'est là mon seul ouvrage ».

À son tour, le fils eut les larmes aux yeux à l'évocation de ce souvenir.

L'observant, le voyageur lui posa une main complice sur l'épaule, avec un regard qui en disait long.

Un peu plus tard, il lui annonça qu'avec sa famille, ils allaient devoir repartir. Il ajouta :

« Je vous remercie infiniment pour votre accueil. Vous avez fait preuve d'une grande gentillesse à notre égard et nous avons tous été très sensibles à votre hospitalité.

— C'est bien le minimum que je pouvais faire, répondit le fils. Vous vous êtes donné la peine de venir jusqu'ici, et c'est moi qui vous remercie. En mon nom et celui de mon père...

— Revenir ici s'imposait pour moi, ajouta le voyageur. Nous avons vraiment été ravis de vous rencontrer. Encore un grand merci également pour le présent de votre père, il me va droit au cœur et vous pouvez imaginer tout ce qu'il représente pour moi. Je sais exactement quelle place lui réserver à la maison... »

Les deux hommes échangèrent encore un petit moment. Le fils avait également fondé un foyer et ils convinrent de se revoir prochainement, tous ensemble.

Le voyageur rejoignit son épouse et ses enfants.

Ils montèrent dans la voiture. Puis ils reprirent la route...

On the road again... again.

Après l'histoire

Elle n'avait pas bougé. Elle restait assise là, sur son siège, silencieuse. En fait, bouleversée.

Le temps du déjeuner était largement dépassé. Pourtant, elle se souvint lui avoir dit qu'elle n'avait pas beaucoup de temps…

Elle semblait chamboulée par l'histoire de *L'Équilibriste* qu'elle venait d'entendre. Tout avait été dit. Rien à ajouter.

Elle ne savait plus à quel moment cette histoire était devenue la sienne. Et cela n'avait d'ailleurs aucune importance à ses yeux, se dit-elle. Ce qui était certain, c'est qu'elle s'était totalement appropriée l'histoire de *L'Équilibriste.*

Elle était pensive.

Lorsqu'elle avait demandé à son collègue qu'il la lui raconte, il avait mentionné qu'il lui faudrait du temps pour aller jusqu'au bout. À ce point, elle aurait pu simplement décliner en le remerciant et prendre congé. Prétextant d'autres obligations.

Comme à son habitude.

D'ailleurs, en ce moment, cela tombait mal. Elle était sur un projet *urgent.*

Qui faisait suite au précédent, lui-même *urgent.*

Et qui précédait le nouveau projet *urgent* que son chef venait de lui confier.

En y songeant, elle s'apercevait que *tout* était finalement *urgent* dans son travail. Dans son travail ? Elle rectifia. Dans sa vie.

De plus en plus *urgent,* d'ailleurs. Et sans doute encore plus *urgent* demain qu'aujourd'hui ! Comme par définition.

Il arriverait bien un moment où elle ne pourrait plus suivre. À toujours courir, elle finirait par tomber.

D'ailleurs, elle se sentait fatiguée et avait récemment consulté son médecin pour des problèmes de santé qu'elle n'avait pas éprouvés jusqu'à présent. Des problèmes qui commençaient à l'inquiéter.

Il fallait dire qu'à la suite de la réorganisation récente du service dans lequel elle travaillait, certains de ses collègues étaient partis. Ces personnes n'avaient pas été remplacées. Elles ne le seraient pas.

La charge de travail étant restée la même sur quelques dossiers, mais ayant largement augmenté sur d'autres, elle constatait qu'elle effectuait seule, de fait, le travail produit précédemment par deux personnes.

Avec ces nouvelles attributions, elle se trouvait tantôt mise en valeur et plus forte au sein de l'organisation. Du moins le pensait-elle. Tantôt dépassée et démunie face aux multiples demandes. Sans l'ombre d'un doute.

Alors, comment donner le meilleur d'elle-même, non seulement en tant que professionnelle, mais également en tant qu'épouse, mère de famille, amie, sportive, membre d'une association… ?

Elle croulait sous la pression. Et prenait douloureusement conscience, en cet instant, du dangereux déséquilibre dans lequel elle avait basculé peu à peu. Insidieusement.

Mais où se situaient donc les limites ? Celles de l'*urgence* ? Celles de son chef ?

En fait, celles de l'organisation tout entière, de ses concurrents, du marché… ?

La liste serait longue. Et vaine.

La vraie question, se disait-elle, c'était de savoir où se situaient ses *propres* limites. Ses limites *à elle*.

Elle avait bien compris à travers l'histoire de *L'Équilibriste* qu'elle venait d'écouter très attentivement, qu'on devait sans cesse chercher à repousser ses limites. Pour ne pas régresser. Et afin, surtout, de se donner une chance de devenir encore meilleur demain qu'aujourd'hui.

Mais elle avait aussi compris que cela ne *pouvait* et ne *devait* jamais se faire au détriment de l'équilibre. De tous les équilibres.

Arriverait un moment où, immanquablement, cela deviendrait une question de survie. Un moment qui risquait fort d'arriver rapidement.

Elle voyait bien, tout autour d'elle, les conséquences dévastatrices de cet engrenage infernal.

Et tout le monde en pâtissait : soi-même, le couple, les enfants, le reste de la famille, les amis par ricochet, la société dans son ensemble.

Autant de valeurs, pensait-elle, *qui se désintégraient sous ses yeux impuissants. Apparemment impuissants…*

Elle comprenait, à présent, pourquoi elle se sentait tellement sous pression. De plus en plus démotivée. Et finalement menacée.

La situation ne pouvait, en aucun cas, aller en s'améliorant. Pour elle, c'était maintenant une évidence.

Vide, c'est ainsi qu'elle s'était sentie à l'intérieur. Jusqu'à l'histoire. L'histoire de *L'Équilibriste.*

Dans son dialogue intérieur, elle repensa alors à ce qui l'avait amenée à écouter cette histoire d'une incroyable transformation intérieure. D'un véritable parcours initiatique.

En fait, à ce qui l'avait amenée à attraper au vol son collègue au sortir de la réunion. Ce n'était pas dans ses habitudes.

Puis à déjeuner avec lui, elle qui ne mangeait jamais le midi.

Puis à décider de l'écouter.

Pour enfin se retrouver, ici et maintenant, à se poser des questions essentielles sur sa vie. *Sans doute les questions les plus fondamentales qu'elle se soit posées ces dernières années,* pensa-t-elle.

Était-ce le hasard ?

Peu importe. Hasard ou pas, elle avait choisi de ne pas partir et d'écouter l'histoire de *L'Équilibriste. D'un bout à l'autre.*

Sans explication rationnelle. C'était ainsi. Et c'était très bien ainsi.

C'est alors qu'elle regarda son collègue, les yeux pleins d'émotion et de reconnaissance. Puis elle le remercia chaleureusement de lui avoir fait un tel cadeau.

En effet, pour elle et à ce moment-là de sa vie, l'histoire de *L'Équilibriste* valait de l'or et lui apportait les réponses à ses questions.

Spontanément, elle s'engagea à faire bénéficier à son tour d'autres personnes, en commençant par son mari, des enseignements de la philosophie de *L'Équilibriste.*

Non, de la *fil*osophie de *L'Équilibriste* !

Son collègue en fut ravi.

Elle se dit que c'était bien le moins qu'elle puisse faire. Un tel cadeau devait se partager.

Subitement, son regard dévia vers son téléphone portable.

Combien de messages ? Combien d'e-mails ? Combien d'*urgences* ?

À cet instant précis, elle comprit :

Rien n'est plus URGENT

que de retrouver L'ÉQUILIBRE.

ICI ET MAINTENANT.

Message au lecteur

Nous croyons que l'équilibre est au cœur du bonheur et de toute réussite. Notre mission est, par excellence, d'aider les hommes et les femmes du monde entier à réaliser leurs aspirations et à créer durablement de la valeur dans le respect des équilibres. Tous les équilibres.

Cet engagement donne du sens et de la valeur à notre action, et nous sommes fiers de notre travail.

Les programmes exclusifs *L'Équilibriste*®, que nous dispensons en entreprise et au sein d'organisations diverses sur le plan mondial, sont fondés sur la *fil*osophie de *L'Équilibriste*® exprimée dans ce livre. Nous travaillons en étroite collaboration avec les dirigeants pour développer plus particulièrement les compétences de leurs équipes à manager, diriger et négocier afin de créer des équilibres aussi profitables que durables : l'union de l'équilibre et de la performance !

Nous serons heureux de recevoir vos remarques et suggestions concernant ce livre, ainsi que tout autre témoignage que vous souhaiteriez partager avec nous.

Pour nous contacter :
contact@lequilibriste.com

Site Internet :
www.lequilibriste.com

Éric Hubler
www.erichubler.com

altamira

Philip Blanc
www.i-negotiate.com

i-negotiate

À propos des auteurs

Éric HUBLER est spécialiste du leadership sur le plan international et créateur du programme exclusif de formation Aïkido Management®. Après un début de carrière aux États-Unis en 1990 suivi d'un tour de l'Amérique du Sud, il prend la direction export Europe d'un leader mondial dans les biens d'équipement. Il passe ensuite 12 années au développement commercial de la société familiale Hubler SA qui figurera en 2004 au palmarès des PME les plus performantes de France. Conférencier, consultant formateur, coach de dirigeants et président de club d'Aïkido, il accompagne depuis 2006 les organisations dans le domaine de l'excellence comportementale et stratégique (www.erichubler.com).

Philip BLANC est un négociateur, conseiller et conférencier dont l'expertise est recherchée dans le monde entier. Basé au Royaume-Uni depuis 1988, il débute sa carrière en tant qu'acheteur dans l'agro-alimentaire et gravit tous les échelons pour devenir Directeur commercial GB & Irlande du géant de la bière Anheuser-Busch InBev. En 2008, il fonde i-negotiate®, la société de conseil et de formation qui développe les personnes en négociateurs fins et accomplis sur le plan mondial. Il négocie pour le compte d'entreprises et de particuliers, et dispense de nombreux programmes de formation à la négociation. Négociateur et karatéka, l'équilibre est son credo.

Le *fil* qui les relie : une amitié d'enfance !

MARQUIS

Québec, Canada

RECYCLÉ
Papier fait à partir de matériaux recyclés
FSC www.fsc.org FSC® C103567

Imprimé sur du papier Enviro 100% postconsommation
traité sans chlore, accrédité ÉcoLogo et fait à partir de biogaz.

100% PERMANENT BIO GAZ ÉNERGIE